Nicole Pötter

Schulsozialarbeit

LAMBERTUS

LAMBERTUS+ App inside

Laden Sie dieses Buch kostenlos auf Ihr Smartphone, Tablet und/oder Ihren PC und profitieren Sie von zahlreichen Vorteilen:

- **kostenlos:** Der Online-Zugriff ist bereits im Preis dieses Buchs enthalten
- **verlinkt:** Die Inhaltsverzeichnisse sind direkt verlinkt, und Sie können selbst Lesezeichen hinzufügen
- **durchsuchbar:** Recherchemöglichkeiten wie in einer Datenbank
- **annotierbar:** Fügen Sie an beliebigen Textstellen eigene Annotationen hinzu
- **sozial:** Teilen Sie markierte Texte oder Annotationen bequem per E-Mail oder Facebook

Aktivierungscode: npss-2024

Passwort: 5887-3496

Download App Store/Google play:

- **App Store/Google play** öffnen
- Im Feld **Suchen Lambertus**+ eingeben
- **Laden** und **starten** Sie die **Lambertus**+ **App**
- Oben links den Aktivierungsbereich anklicken um das E-Book freizuschalten
- Bei **Produkte aktivieren** den **Aktivierungscode** und das **Passwort** eingeben und mit **Aktivieren** bestätigen
- Mit dem Button **Bibliothek** oben links gelangen Sie zu den Büchern

PC-Version:

- Gehen Sie auf **www.lambertus.de/appinside**
- **Aktivierungscodes** oben anklicken, um das E-Book freizuschalten
- **Aktivierungscode** und **Passwort** eingeben und mit **Aktivieren** bestätigen
- Wenn Sie Zusatzfunktionen wie persönliche Notizen und Lesezeichen nutzen möchten, können Sie sich oben rechts mit einer persönlichen E-Mail-Adresse dafür registrieren
- Mit dem Button **Bibliothek** oben links gelangen Sie zu den Büchern

Jetzt unter www.lambertus.de/appinside | Laden im App Store | JETZT BEI Google play

Bei Fragen wenden Sie sich gerne an uns:
Lambertus-Verlag GmbH – Tel. 0761/36825-24 oder
E-Mail an info@lambertus.de

LAMBERTUS
SOZIAL | RECHT | CARITAS

Nicole Pötter

Schulsozialarbeit

LAMBERTUS

Bibliografische Information der Deutschen Nationalbibliothek

Die Deutsche Nationalbibliothek verzeichnet diese Publikation in der Deutschen Nationalbibliografie; detaillierte bibliografische Daten sind im Internet über http://dnb.d-nb.de abrufbar.

3. Auflage 2024

www.lambertus.de
Umschlaggestaltung: Nathalie Kupfermann, Bollschweil
Druck: Elanders Waiblingen GmbH
ISBN 978-3-7841-3463-5
eBook 978-3-7841-3464-2

Inhalt

Vorwort zur dritten Auflage

Die Veröffentlichung der zweiten Auflage dieses Buches liegt noch nicht so lange zurück und dennoch habe ich das Gefühl, dass sich vieles in diesen sechs Jahren verändert hat. Einige Themen wie die Mediatisierung/Digitalisierung, der Klimawandel oder Migrationsfragen haben in meiner Wahrnehmung noch mal an Bedeutung und Dringlichkeit gewonnen und die Suche nach Lösungen ist intensiver geworden. Andere Themen sind neu hinzugekommen, wie der Umgang mit und die Folgen der COVID-19-Pandemie oder mit dem Krieg in der Ukraine und die zum Teil darauf zurückzuführenden Preisentwicklungen. Auch die zunehmende Akzeptanz rechtspopulistischer Gruppierungen und Parteien in der öffentlichen Wahrnehmung sowie der Fachkräftemangel in vielen Berufen – nicht zuletzt in der Sozialen Arbeit –, verändern die Ausgangslage bzw. die Rahmenbedingungen. Daher war meine Erwartung, dass ich vieles von den Inhalten in diesem Buch würde überarbeiten müssen, zumal es für die Schulsozialarbeit eine rechtliche Neuerung in 2021 gegeben hat. Im zweiten Teil des Buches habe ich tatsächlich einige Überarbeitungen und vor allem Aktualisierungen vorgenommen: insbesondere zum aktuellen Ausbaustand und zum rechtlichen Rahmen. Darüber hinaus habe ich einen Exkurs zum Thema Umgang mit und Folgen der COVID-19-Pandemie eingefügt. Darüber hinaus wurde die gendergerechte Schreibweise an den aktuellen Stand der Diskussion angepasst. Die grundlegenden Aussagen sowie die methodischen und konzeptionellen Ausführungen haben sich aber nicht geändert und so musste ich im dritten Teil weniger überarbeiten, als ich zunächst erwartet hatte. Dies betrifft insbesondere die praktischen Fallbeschreibungen. Daran zeigt sich die Beständigkeit sozialarbeiterischen Handelns. Die Grundlagen und Werte müssen zwar immer wieder überprüft und in Frage gestellt werden – auch angesichts neuer Herausforderungen – aber sie haben eine hohe Beständigkeit und damit eine wichtige Orientierungsfunktion. So gelten die Prinzipien der Jugendhilfe für die Schulsozialarbeit unverändert: Diversität, Inklusion und Chancengleichheit, Prävention, Vertraulichkeit, Freiwilligkeit, Ganzheitlichkeit, Partizipation, Lebensweltbezug, Niedrigschwelligkeit und Leistungsanerkennung (s. Kooperationsverbund Schulsozialarbeit 2019).

Für die Kinder und Jugendlichen sowie ihre Familien wünsche ich mir in den nächsten Jahren eine weniger verunsichernde Zeit. Ich wünsche mir, dass sie verstehen, warum es wichtig ist, die demokratischen Grundwerte zu verteidigen, im Kleinen wie im Großen. Ich wünsche mir, dass sie ihren Mut nicht verlieren und auf ihre Fähigkeiten vertrauen. Das wünsche ich auch allen

Fachkräften in der Schulsozialarbeit und im Bildungssystem insgesamt: Sie alle leisten eine sehr wichtige Arbeit. Und ja: Jede:r Einzelne von Ihnen ist in meinen Augen systemrelevant.

Brühl, im September 2023
Prof. Dr. Nicole Pötter

Vorwort zur zweiten Auflage

Benjamin Lachat stand für eine Aktualisierung des Buches nicht zur Verfügung, daher hat mich der Verlag gebeten, diese Aufgabe zu übernehmen.

Das Buch von Benjamin Lachat, welches hier in einer von mir aktualisierten und ergänzten Fassung vorgelegt wird[1], hat mich durch seine hilfreiche Struktur, seine praxisnahen Beispiele und den Anwendungsbezug beeindruckt. Dabei gelingt es dem Autor, gleichzeitig die übergeordneten Kontexte in ausreichendem Maße aufzuzeigen und theoretische Bezüge herzustellen. Eine in der Fachliteratur eher seltene Kombination, die wohl mitverantwortlich ist für die guten Verkaufszahlen. Gerade die Anwendungsbezüge und die Aktualität der Praxisbeispiele haben allerdings auch den Nachteil, dass manches schnell veraltet. So war es mit eine meiner wichtigsten Aufgaben, die Aktualität wiederherzustellen, die fachlichen Hintergrundinformationen auf die Höhe der Zeit zu bringen und Internetquellen (dort wo möglich) neu zu recherchieren.

Zunächst hatte ich darüber nachgedacht, die Struktur des Buches anzupassen. Zum Beispiel ist Lachats Einteilung nach den drei methodischen Grundrichtungen der Sozialen Arbeit – Einzelhilfe, Gruppenarbeit, Gemeinwesenarbeit – zwar jedem leicht zugänglich, andererseits gibt es viele Themen, wie z.B. Berufsorientierung, Schulmüdigkeit oder Schulabstinenz, die alle drei methodischen Zugänge erfordern. Berufsorientierung etc. kann und muss sowohl als Einzelhilfe, als Gruppenarbeit und als Vernetzung im Gemeinwesen gedacht und umgesetzt werden. Da es aber keine Struktur gibt, die alle Aspekte vollständig und umfassend abbilden kann, weil Mehrfachbezüge und Querverbindungen ebenso vielfältig in die eine wie in die andere Richtung sind, würde eine andere Struktur schätzungsweise genauso viele Probleme lösen, wie sie neu aufwerfen würde. Daher ist die Einteilung von Lachat geblieben.

Ich hatte auch über deutlich mehr Rückbezüge zu theoretischen Folien und Ansätzen nachgedacht, aber dann nur an wenigen Stellen Ergänzungen oder Verweise hinzugefügt. Meine Überlegung war, dass diejenigen, die sich für ein Thema oder dessen theoretische Einordnung und Diskussion

---

1 Deshalb wäre es korrekter gewesen die Autorenschaft mit Lachat/Pötter anzugeben, da aber alle Rechte an dem Buch beim Verlag liegen und Benjamin Lachat keinen Anteil an der Überarbeitung übernehmen wollte, erscheint es nun nur unter meinem Namen. Dies war eine Entscheidung des Verlags.

weitergehend interessieren, Hinweise bekommen sollen, wo sie diese finden, ohne den Charakter des Buches durch zu viel ausführliche theoretische Erläuterungen zu verändern.

Eine nicht unwesentliche Änderung betrifft die gendersensible Sprache. Der Autor hatte auf diese verzichtet zugunsten der Lesbarkeit. Ein häufiges Argument – auch unter Studierenden – wobei ich dann immer die Frage aufwerfe, warum man sich stellvertretend für beide Geschlechter immer für die männliche Schreibweise entscheidet, zumal in einem Arbeits- und Berufsfeld, in dem zu 75 % Frauen[2] tätig sind. Müsste eine Vereinfachung dann nicht heißen, nur die weibliche Form zu verwenden? Da wir Frauen aber in der Regel sehr integrativ denken (Vorsicht, Ironie!), geben wir uns eben Mühe, die männliche Minderheit in unserem Beruf zu berücksichtigen, zumal wir (Frauen) regelmäßig den Wunsch äußern, dass wir mehr Kollegen (!) bekommen, da auch die geschlechtersensible Erziehung dadurch einfacher würde. Dies legt also nahe, nicht nur die Mehrheit in der Sprache zu spiegeln und deshalb den sog. Gender_Gap zu verwenden. Dieser eröffnet darüber hinaus Raum für jene, die sich nicht eindeutig einem Geschlecht zuordnen.[3]

Ergänzt habe ich den Abschnitt „Interkulturelle Kompetenzen stärken – Raum für Identitätsfindung". Angeregt wurde ich zu dieser Ergänzung durch die Tagung „Junge Geflüchtete in der Schule. Beiträge der Schulsozialarbeit in gesellschaftlicher Verantwortung" vom Kooperationsverbund Schulsozialarbeit am 8. und 9. Dezember 2016 in Frankfurt a. M. und die dort zahlreich präsentierten Beispiele aus der Praxis. Meine Ausführungen im Handbuch der Schulsozialarbeit (Hollenstein et al. 2017) zur Arbeit mit Kindern und Jugendlichen mit Flucht- und Vertreibungserfahrungen erschienen mir angesichts der kreativen und zupackenden Beispiele aus der Praxis zu zaghaft und zurückhaltend in Bezug auf das, was die Schulsozialarbeit in diesem Kontext leisten kann.[4] Deswegen war ich froh, die Thematik mit mehr Praxisbezug noch einmal im Rahmen dieses Werkes aufgreifen zu können. Ich habe versucht, meinen Sprachstil an den von Lachat anzupassen, sodass dieser Abschnitt hoffentlich nicht herausfällt.

---

2 Vgl. z. B. die Daten des Statistischen Bundesamtes zum Personal in der Kinder- und Jugendhilfe: 23,52 % Männer, 76,48 % Frauen zum Stichtag 31.12.2014 (vgl. GEW 2016).

3 Ich möchte an dieser Stelle auf einen Beitrag von Rudolf Leiprecht verweisen, der deutlich macht, dass gerade in der Sozialen Arbeit und Sozialpädagogik in den letzten Jahren ein gewisses Desinteresse an diesen Themen eingekehrt ist, welches aber nicht nur vor dem Hintergrund aktueller, fachlicher Themen wie Inklusion und Integration, intersektionale Differenzierung und Differenzlinien äußerst problematisch ist (vgl. Leiprecht 2011).

4 Vgl. Pötter 2017.

Warum habe ich diese Arbeit auf mich genommen? Weil ich der Meinung war, dass es sich lohnt! Offenbar ist Benjamin Lachat[5] inzwischen nicht mehr in der Schulsozialarbeit tätig, was ich sehr bedaure, denn er war in Baden-Württemberg einer der sehr aktiven Schulsozialarbeiter[6], die sich auch für die landesweite Vernetzung und darüber hinaus sehr engagieren. Aber manchmal ist es sicherlich gut, das Aktionsfeld zu wechseln, auch um der Gefahr der „Betriebsblindheit" zu entgehen und gute Sozialarbeiter (und Sozialarbeiterinnen) werden überall gebraucht. In diesem Sinne wünsche ich Benjamin Lachat viel Erfolg auf seinem weiteren beruflichen Werdegang und danke ihm, dass er uns sein Werk über die Schulsozialarbeit hinter- und überlassen hat.

An dieser Stelle möchte ich darüber hinaus Frau Winkler vom Lambertus-Verlag danken, da sie mir die Zeit gegeben hat, die ich brauchte, um das Buch neben meinen sonstigen Verpflichtungen zu überarbeiten. Ebenfalls bedanken möchte ich mich bei meiner Kollegin Prof. Dr. Angelika Beranek sowie bei Dr. Frank Neises vom Bundesinstitut für Berufsbildung, die mir beide wertvolle Tipps für die Überarbeitung des Abschnitts über Medienpädagogik gegeben haben.

München, den 30. September 2017
Prof. Dr. Nicole Pötter

5 Das manchmal im Text verwendete „wir" ist somit ein fiktives „wir", dennoch glaube ich, dass Lachat mit den Aussagen und Ergänzungen im Text d'accord wäre.
6 Daher auch die häufigen Verweise und Bezüge auf Baden-Württemberg im Text.

1

Schulsozialarbeit – inmitten einer blühenden Bildungslandschaft

Eine visionäre Annäherung an das Thema

Schulsozialarbeit als vielseitiges Arbeitsfeld für Sozialarbeiter:innen und Sozialpädagog:innen hat sich in den letzten Jahren in Deutschland unterschiedlich entwickelt. Mancherorts begann es als kleines Pflänzchen, das zu einem mächtigen Baum heranwuchs. Andernorts blieb es bei kleinen Trieben und zarten Wurzeln. Wie wird sich die Schulsozialarbeit als Bestandteil lokaler Gesamtsysteme von Bildung, Erziehung und Betreuung wohl in zehn Jahren darstellen?

Nähern wir uns dem Thema zunächst mit einem Zukunftsbild:

Josef[7] freut sich auf den Tag. Einerseits. Andererseits ist er auch ein wenig traurig, dass seine Schulzeit an der Gemeinschaftsschule in seinem Ort heute enden wird. Nach den Sommerferien wird er seine Ausbildung als Erzieher beginnen. In einem Kindergarten in der Nachbarstadt. Bis dahin war es ein langer Weg – der Josef jetzt aber schon viel zu kurz vorkommt. Er wäre ihn gerne noch länger in seine Schule gegangen.
Als Josef drei Jahre alt war, waren seine Eltern und er aus einem anderen Bundesland in die Kleinstadt gezogen, in der er seitdem lebt. Von Beginn an hat er sich wohlgefühlt: im Waldkindergarten und später im

7 Josef könnte auch Yusuf, Joe, Giuseppe, José, Josip oder Joscha heißen. Und selbstverständlich genauso Josefine, Josefa, Giuseppina, Josipa oder Joža. Ausnahmslos alle Namen in den Praxisbeispielen sind ausgedacht.

Bildungshaus auf dem kommunalen BildungsCampus. Als er dann „offiziell“ in die Primarstufe der Schule wechselte, kannte er die meisten seiner Lernbegleiter:innen. Für ihn ist Schule der Ort, an dem er seine Ideen ausprobieren konnte, Neues erfahren hat, gemeinsam mit anderen Kindern spielen und toben konnte. Natürlich gab es auch Zeiten mit Streit, Ärger, Traurigkeit oder Langeweile. Aber das, so hat Josef schnell gelernt, ist nichts Bedrohliches, sondern gehört zum Leben selbstverständlich dazu.

Auch Josefs Eltern waren und sind sehr glücklich über die enge Verzahnung von Bildung, Erziehung und Betreuung in ihrem Lebensort. Sie hatten schnell Kontakte zu anderen Familien gefunden. Josefs Mutter hatte von Beginn an in der Elterngruppe des Bildungshauses mitgewirkt: Sie organisierte regelmäßig Gesprächs- und Infoabende für Eltern, Erzieher:innen und Lehrer:innen. Josefs Vater, von Beruf Tischler, hatte Lust, seine dreijährige Elternzeit auch ehrenamtlich zu nutzen und sich beim Ausbau des Waldkindergartens einzubringen. Gemeinsam mit anderen Eltern und Großeltern, Auszubildenden eines lokalen Zimmereifachgeschäfts und Schüler:innen der Schule plante und baute er ein großes Baumhaus im Gemeindewald. Gemeinsam mit den anderen Kindergartenkindern konnte Josefs Schwester nach einem bunten Einweihungsfest die neuen Räumlichkeiten in den Baumwipfeln in Besitz nehmen.

Wenn Josef mal nicht zur Schule konnte, z.B. wegen Krankheit, konnte er die Hausaufgaben über die schuleigene Lernplattform herunterladen und bearbeiten, wenn es ihm wieder besser ging. Die Lehrkräfte konnte man dort bei Fragen jederzeit anschreiben und wenn es um komplexere Fragen ging, konnte man sich kurzfristig zu einem Videochat verabreden. Die IT-Abteilung der Schule hatte die Familien bzgl. der Anschaffung ihrer Geräte beraten und bot auch Unterstützung bei Fragen und Probleme bei der Anwendung an. Auch während des Unterrichts im Klassenzimmer konnte Josef auf die auf der Plattform hinterlegten Lernhilfen zurückgreifen. Zwei Personen gab es, die für Josef in den letzten Jahren besonders wichtig geworden waren: die Schulsozialarbeiterin Simone Reisig und der Schulsozialarbeiter Max Michels. Über die gesamte Schulzeit hinweg begleiteten sie ihn auf unterschiedliche Art und Weise. Das Bild, das die beiden Sozialpädagog:innen allen Kindern zu Beginn der Schulzeit schenkten, hat Josef heute noch. Es zeigt einen verschlungenen Weg durch einen Urwald, dessen Ende noch nicht zu sehen ist.

Ab Klasse 3 gibt es in allen Jahrgangsstufen an der Schule den Klassenrat, in dem die Kinder nach bestimmten Regeln und eigenverantwortlich ihre gemeinsamen Anliegen besprechen. Den hatte der Schulsozialarbeiter Max eingeführt und die ersten Male moderiert.

Wenn es kleinere Streitigkeiten mit Mitschüler:innen gab, konnte Josef immer zu den Schülermediator:innen gehen. Das sind ältere Jugendliche, die von einer Lehrerin und der Schulsozialarbeiterin dazu ausgebildet wurden, anderen Schüler:innen bei der Lösung ihrer Konflikte zu helfen. In den Ruhephasen zwischen den Lerneinheiten hielt sich Josef schon immer gerne im offenen Raum, dem Kommunikationszentrum an der Schule oder auf dem Pausenhof auf. Fast täglich organisierten ältere Jugendliche tolle Aktionen für die Pause: Sportangebote, Musik und Tanz oder einfach ein gemeinsames Spiel. Und immer wieder mal waren auch Simone Reisig und Max Michels da. Einfach nur so. Als Ansprechpartner:innen und weil die beiden selbst gerne ihre Pausen mit den Kindern, Jugendlichen und anderen Erwachsenen der Schule verbrachten.

Als Josef dann in seinem fünften Schuljahr war, kam Max wieder jede Woche zu ihnen: Training sozialer Kompetenz „für die Großen". Sie beschäftigten sich ein Jahr lang viel mit sich selbst, der Klassengemeinschaft und wichtigen Themen aus ihrer Stadt. Der Höhepunkt war die einwöchige Klassenfahrt. Alle zusammen fuhren mit dem Kanu die Donau von ihrem Ursprung bis nach Ulm hinunter. Und die Kinder hatten (fast) alles selbst organisiert, unterstützt von Max, ihren Lehrer:innen und Eltern.

Zu Beginn seines sechsten Schuljahres – Josef kam in die Pubertät – gab es zu Hause mit seinen Eltern regelmäßig größeren Streit. Eigentlich waren es nur Kleinigkeiten, das wussten sie alle – und trotzdem war der Konflikt da. Wie gut, dass der Schulsozialarbeiter die Familie in dieser Zeit unterstützte. Da auch Josefs Eltern Max Michels von Beginn der Schulzeit an kannten, war es selbstverständlich für sie, sich bei ihm Rat zu holen. Und alle stimmten Max' Vorschlag zu, eine Mediation gemeinsam mit allen Beteiligten durchzuführen. Erfolgreich! Die Stimmung zu Hause besserte sich nachhaltig.

Josef genoss es mit zunehmendem Alter immer mehr, dass er von 7 Uhr morgens bis 20 Uhr abends (manchmal auch länger) auf den Bildungs-Campus kommen konnte. Auch nachmittags oder abends war irgendwo immer jemand da: Jugendliche, die selbstständig an einem Projekt arbeiteten, Lehrer:innen, die vorbereiteten oder für Gespräche zur Verfügung standen, Trainer:innen und Jugendleiter:innen von Vereinen, die Angebote machten, Dozent:innen und Kursteilnehmer:innen der Volkshochschule, Mitarbeiter:innen der offenen Jugendarbeit, die Schulsozialarbeiter:innen … Die Schule war für ihn immer mehr zu einem l(i)ebenswerten Ort geworden.

Simone Reisig war es, die Josef darin bestärkte, sich als Vertreter der Jugendlichen in den kommunalen Bildungsbeirat der Gemeinde wählen zu lassen. Josef vertritt nun schon seit zwei Jahren die Interessen der 14- bis 18-Jährigen in dem wichtigen Gremium. Er führte mit Unterstützung Simone Reisigs eine Befragung durch, um die Interessen dieser Altersgruppe zu erfassen. Dies war u.a. auch der Anstoß dafür, die Themen Nachhaltigkeit und Umweltschutz aktiver in den Projekten und im Unterricht der Schule zu berücksichtigen und aufzugreifen. Die Gemeinde verbesserte die Radwege und die Anbindung der Schule an die Freizeit- und Erholungsgebiete. Seitdem findet der Biologieunterricht auch schon mal direkt im Wald statt.

Dieses Jahr will sich seine Schule der Bewegung „Schulen im Aufbruch“[8] anschließen und den Frei-Day für freie Projektarbeit einführen. Eigentlich schade, dass er nun nicht mehr Schüler ist, aber er will auf jeden Fall kommen, wenn die Schule zu Festen oder Ergebnisvorstellungen einlädt.

In den letzten beiden Jahren an der Gemeinschaftsschule konzentrierte sich Josef voll und ganz auf das Thema Berufsorientierung. Es gibt ja so viele spannende Ausbildungsberufe, da fällt es gar nicht leicht, den passenden zu finden. Doch hier half ihm das Programm, das unter Koordination der Schulsozialarbeit für die Jugendlichen in dem Ort entwickelt wurde. Jede:r Jugendliche, der/die das möchte, erhält in dem kleinen Ort auch einen Ausbildungsplatz. Und damit eine Lebensperspektive.

Neben den ganz praktischen Infos zu Bewerbungsunterlagen, die u. a. von einem Personalvorstand eines großen Konzerns persönlich gegeben wurden, Simulationen von Vorstellungsgesprächen mit örtlichen Unternehmer:innen und jeder Menge Praktika, half vor allem das intensive Coaching durch die Schulsozialarbeiterin. Auch die wöchentlichen Treffen mit Hans Meier, einem ehrenamtlichen, erwachsenen Job-Paten, machten ihm bewusst, dass eine Berufsausbildung der nächste richtige Schritt auf seinem Weg ist.

Mit seinen Eltern und seiner Schwester steht Josef am Fahrradabstellplatz am Rand des BildungsCampus und wartet auf Hans Meier. Gemeinsam gehen sie heute zu seiner Abschlussfeier hier an der Schule: Was wird nun für ihn kommen? Was hat er in den letzten Jahren alles gelernt?

Deutlich wird an der Beschreibung dieser Vision, dass es nicht ausschließlich – nicht einmal primär – um die Lerninhalte aus dem Unterricht geht, wenn wir die Frage, was Josef gelernt hat, beantworten wollen. Man könnte sagen,

---

8 Vgl. Schule im Aufbruch 2023.

Josef hat gelernt, sein Leben selbstständig und aktiv zu gestalten. Er kann nun Ziele langfristig verfolgen und sich Hilfe über private und öffentliche Netzwerke organisieren.

Die vielfältigen Veränderungsprozesse der heutigen Gesellschaft stellen für uns alle – und für die Kinder und Jugendlichen in besonderem Maße – eine große Herausforderung dar. Um das „Leben lernen" in immer komplexer werdenden Situationen gelingen zu lassen, gilt es, so die Ludwigsburger Bildungsexperten Müller/Schweizer/Wippermann, „unsere Bildungsinstitutionen von ‚Lernanstalten' zu vielfältigen und inspirierenden ‚Lernlandschaften' umzubauen."[9]

Die Bundesregierung stimmt ausdrücklich der Empfehlung der Sachverständigenkommission des Kinder- und Jugendberichts zu, dass „am Ort Schule lebenslagen- und altersspezifische Leistungen und Angebote der Jugendhilfe und anderer Bildungsträger eingerichtet und vorgehalten werden"[10] müssen und somit viele Bildungsorte und Lernwelten einbezogen werden. „Das Zusammenspiel unterschiedlicher Bildungsakteure und -gelegenheiten ist sozialräumlich auszugestalten und in kommunaler Verantwortung zu organisieren. Ziel ist der Aufbau einer kommunalen Bildungslandschaft als Infrastruktur für Kinder und Jugendliche, die getragen wird von Leistungen und Einrichtungen der Schule, der Kinder- und Jugendhilfe, von kulturellen Einrichtungen, Verbänden und Vereinen, Institutionen der Gesundheitsförderung sowie von privaten und gewerblichen Akteuren vor Ort."[11] Die Schulsozialarbeit als Handlungsfeld der Kinder- und Jugendhilfe zählt hierbei zum Kern: Sie ist „durch ihre unmittelbare Verwobenheit in das Schulgeschehen direkt in die Unterstützung und die Förderung der Bildung von Kindern und Jugendlichen eingebunden."[12] Hierbei hat sie „wie kein anderer Arbeitsbereich Pionierarbeit für eine gemeinsame, von Jugendhilfe und Schule getragene Verantwortung für die Erziehung und Bildung von Kindern und Jugendlichen geleistet."[13] Die gemeinsam getragene Verantwortung für die Erziehung und Bildung von Kindern und Jugendlichen bedeutet auch, diese fit zu machen für aktuelle gesellschaftliche Herausforderungen wie die Folgen des Klimawandels oder die Veränderungen in der Arbeitswelt (insbesondere durch KI[14]). Manche Herausforderung ist noch gar nicht vorherseh-

9 Müller/Schweizer/Wippermann 2008, S. 72.
10 Bundesministerium für Familie, Senioren, Frauen und Jugend (BMFSFJ) 2005, S. 350.
11 Ebd., S. 351.
12 Ebd. 2005, S. 93.
13 Kommunalverband für Jugend und Soziales Baden-Württemberg 2010, S. 7.
14 KI steht für „Künstliche Intelligenz" und ist bereits heute aus unser aller Leben nicht mehr wegzudenken.

bar: So hätten wir uns noch vor kurzem die Folgen und Herausforderungen einer weltweiten Pandemie nicht im Traum vorstellen können; und aktuell sehen wir mit Ungewissheit auf mögliche Folgen des Kriegs in der Ukraine. Daher sprechen Expert:innen von der Notwendigkeit, Gestaltungskompetenz zu entwickeln, und sehen darin den Schlüssel für eine Bildung für nachhaltige Entwicklung.

Dort, wo der Umbau im Gange ist und sozialpädagogische Fachkräfte der Schulsozialarbeit vor Ort sind, erscheinen diese häufig als „Landschaftsgärtner:innen" in der Gestaltung neuer Bildungslandschaften. Sie sind diejenigen, die aufgrund ihres Studiums und ihrer Berufspraxis für viele der konkret anstehenden Aufgaben die passende Handlungskompetenz haben. Als professionelle Sozialarbeiter:innen/Sozialpädagog:innen tragen sie durch ihr Handeln dazu bei, dass Bildung als „ein umfassender Prozess der Entwicklung einer Persönlichkeit in der Auseinandersetzung mit sich und ihrer Umwelt"[15] für alle Kinder und Jugendlichen gelingen kann.

Welche Methoden und Handlungskonzepte dabei im Einzelnen im „Werkzeugkasten" der Schulsozialarbeiter:innen verfügbar sein sollten, um wirksam agieren zu können, ist Gegenstand dieses Buches.

Es beschreibt aus der Perspektive der Praktiker:innen in einer alltagsnahen Sprache aktuelle Herausforderungen und mögliche Antworten der Schulsozialarbeit. Um der damit zwangsläufig verbundenen Gefahr des „Zuviel-an-Subjektivität" zu begegnen, werden die Lösungsvorschläge und Anregungen immer wieder zu wissenschaftlichen Konzepten in Bezug gesetzt.

15 BMFSFJ 2005, S. 31.

2

Schulsozialarbeit – ein Überblick über die aktuelle Situation dieses Handlungsfelds Sozialer Arbeit

Bevor wir uns einen Überblick über die aktuelle Situation des Handlungsfelds „Schulsozialarbeit" verschaffen, müssen wir zunächst klären, was wir unter Schulsozialarbeit verstehen und welche Tätigkeiten oder Angebote darunterfallen. Anschließend soll der derzeitige Stand der Entwicklungen und der aktuellen Diskussionen in diesem Handlungsfeld skizziert werden.

2.1 Der Begriff „Schulsozialarbeit" – eine praxistaugliche Definition

Schulsozialarbeit: Was ist das? Auf diese Frage gibt es sehr viele unterschiedliche, viele gute und manch irreführende Antworten. Keinesfalls gibt es die Antwort. Denn trotz einer mittlerweile über 50-jährigen Entwicklung in der Bundesrepublik Deutschland gibt es für dieses Handlungsfeld Sozialer Arbeit noch keine allgemeingültige und abschließende Definition.

Nähern wir uns dem Begriff zunächst einmal mit einem eher alltagssprachlichen Verständnis. Das Wort Schulsozialarbeit lässt sich trennen: in Schul(e) und Sozialarbeit. Offensichtlich hat es mit der Institution Schule als Objekt zu tun bzw. findet am Ort Schule statt. Gleichzeitig handelt es sich offensichtlich um eine Form der Sozialen Arbeit. In dieser Weise wird der Begriff in der Regel auch von unterschiedlichen Anspruchsgruppen und

Kooperationspartnern der Schulsozialarbeit[16] verstanden und benutzt. Hiermit verbunden sind allerdings immer noch die unterschiedlichsten Vorstellungen davon, was dabei inhaltlich geschieht.

Der Begriff Schulsozialarbeit „ist in Deutschland inzwischen zwar weitgehend gebräuchlich"[17], wird aber nicht nur von fachlichen Laien mehrdeutig und neben anderen verwandt. Selbst in Fachpublikationen finden sich noch allerlei andere Begriffe für inhaltlich Vergleichbares: Sozialarbeit in der Schule, schulbezogene Jugendsozialarbeit, sozialpädagogisches Handeln in der Schule, schulalltagsorientierte Sozialpädagogik, schulbezogene Jugendhilfe, Schul-Soziale Arbeit oder Jugendsozialarbeit an Schulen.[18]

Als Grundlage für das professionelle Handeln als Schulsozialarbeiter:in ist es notwendig, für sich eine Vorstellung davon zu entwickeln und immer wieder kritisch zu reflektieren, was man wie, mit wem, warum und mit welchem Ziel erreichen möchte. Diese Vorstellung kulminiert idealerweise in einer griffigen Definition, die diese Aspekte hinreichend umfasst.

Überall wo Schulsozialarbeiter:innen tätig sind, sollten sie auf der Grundlage eines schriftlich fixierten Konzepts handeln. Dieses Dokument sollte u. a. auch die der Arbeit zugrunde liegende Definition von Schulsozialarbeit beinhalten.

In vielen Konzepten von Schulsozialarbeit wird mit der Definition von Speck gearbeitet:
„Unter Schulsozialarbeit wird [...] ein Angebot der Jugendhilfe verstanden, bei dem sozialpädagogische Fachkräfte kontinuierlich am Ort Schule tätig sind und mit Lehrkräften auf einer verbindlich vereinbarten und gleichberechtigten Basis zusammenarbeiten, um junge Menschen in ihrer individuellen, sozialen, schulischen und beruflichen Entwicklung zu fördern, dazu beizutragen, Bildungsbenachteiligungen zu vermeiden und abzubauen, Erziehungsberechtigte und Lehrer:innen bei der Erziehung und dem erzieherischen Kinder- und Jugendschutz zu beraten und zu unterstützen sowie zu einer schülerfreundlichen Umwelt beizutragen."[19]

---

16 Beispielsweise Kinder und Jugendliche, Eltern, Lehrer:innen, Gemeinderäte, Unternehmer:innen, Medienvertreter:innen, andere Fachkräfte Sozialer Arbeit, Vertreter:innen von Vereinen.
17 Speck 2009, S. 27.
18 Vgl. BMFSFJ 2005, S. 261, Spies/Pötter 2011, S. 13 ff. oder Alicke/Hilkert 2012, die für die 16 Bundesländer die unterschiedlichen Begriffsverwendungen spezifiziert haben.
19 Speck 2006, S. 23, Hervorhebungen durch N.P.

Dass diese Definition inzwischen in zahlreichen Konzepten aufgegriffen wird, spricht dafür, dass sie als „praxistauglich“ wahrgenommen wird.[20] Sie ist offenbar weit genug, um vieles abzudecken, was unter dem Label der Schulsozialarbeit in der Praxis firmiert und spezifisch genug, um im fachlichen Diskurs anschlussfähig zu sein. Legt man diese Beschreibung eng aus, würden allerdings eine Reihe von sozialpädagogischen Angeboten an Schulen deshalb nicht unter diese Definition fallen, weil sie formal nicht in der Jugendhilfe, sondern im Schulsystem verortet sind. Umgekehrt würden viele Jugendhilfeangebote am Ort Schule automatisch zur Schulsozialarbeit avancieren, die sich zwar an Kinder und Jugendliche richten, aber die schulischen Kontexte nicht berücksichtigen. Betrachtet man die Stichworte „kontinuierlich“ oder „gleichberechtigte Basis“, wird darüber hinaus deutlich, dass dies in vielen Projekten der Schulsozialarbeit noch nicht erreicht worden ist. Die blau hervorgehobenen Begriffe deuten somit an, an welchen Punkten es aktuell (immer noch) Diskussionen und Kontroversen gibt bzw. wo fachliche Standards zwar von verschiedenen Fachverbänden formuliert wurden, aber vor Ort oft noch nicht umgesetzt sind.[21] Auf diese Aspekte wird in den folgenden Abschnitten näher eingegangen.

2.2 Zum aktuellen Stand der Implementierung der Schulsozialarbeit in Deutschland

Anders als in anderen Handlungsfeldern Sozialer Arbeit, die bundesweit vergleichbarer sind, gibt es für die Schulsozialarbeit bislang keine einheitliche Statistik und somit auch keine verlässlichen Daten, die eine belastbare Aussage zum quantitativen Ausbaustand der Schulsozialarbeit erlauben würden.[22] Dennoch können auf der Grundlage der vorhandenen Daten einige Aussagen getätigt werden, wie z. B., dass es einen stetigen, teilweise stark steigenden Trend zur quantitativen Ausweitung der Schulsozialarbeit in den letzten Jahren gegeben hat. Das Statistische Bundesamt zählt in seinen letzten drei Erhebungen folgende in der Schulsozialarbeit tätige Personen:[23]

---

20 Auch das Netzwerk Schulsozialarbeit Baden-Württemberg hat sie als „für die Praxis tauglich“ befunden und empfiehlt sie – beispielsweise in der Praxisberatung. Siehe www.netzwerk-schulsozialarbeit.de.

21 Vgl. z. B. Kooperationsverbund Schulsozialarbeit 2015.

22 Zu den Problemen der Erhebung statistischer Daten im Feld der Kinder- und Jugendhilfe, insbes. der Schulsozialarbeit vgl. Iser et al. 2013. Auch Mairhofer 2019 unterstreicht, dass das Feld der Schulsozialarbeit unübersichtlich ist (S. 34). Die letzten Daten wurden vom Statistischen Bundesamt 2022 für das Jahr 2020 veröffentlicht. Nach wie vor gehen die Fachleute davon aus, dass die Beschäftigtenzahlen in den Erhebungen des Statistischen Bundesamtes deutlich zu niedrig liegen.

23 In der Statistik wird das pädagogische Personal und das Verwaltungspersonal zusammen erfasst.

5.600 zum Stichtag 31.12.2016; 6.676 zum Stichtag 31.12.2018 und 7.547 zum Stichtag 31.12.2020. Das heißt, dass die Zahl der in der Schulsozialarbeit tätigen Personen innerhalb dieses Zeitraums um 34,8 % gewachsen ist. Die Zahl der Personen, die in der Kinder- und Jugendhilfe insgesamt tätig waren, ist im gleichen Zeitraum um 11,2 % gewachsen,[24] das heißt, die Schulsozialarbeit ist ein Bereich der Kinder- und Jugendhilfe, der stärker wächst als andere Bereiche. Seit dem Jahr 2010 – also innerhalb von zehn Jahren – ist die Zahl des Personals in diesem Handlungsfeld sogar um 150 % gestiegen.

Mairhofer (2019) kommt in seiner Analyse der Stellenentwicklung in der Jugendsozialarbeit – also dem Teil der Kinder- und Jugendhilfe, dem die Schulsozialarbeit bis zur Gesetzesreform 2021 zugeordnet wurde[25] – sogar auf eine Versechsfachung der Zahlen zwischen 1998 und 2016 (S. 32) und spricht daher auch von einem Schulsozialarbeit-Boom (S. 33).

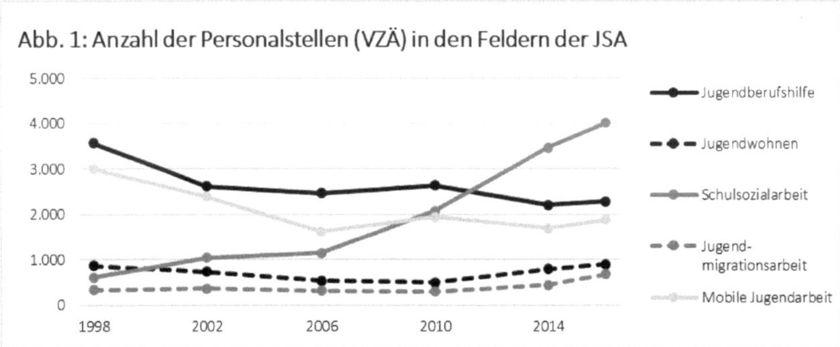

Abbildung 1: Mairhofer – Anzahl der Personalstellen (VZÄ) in den Feldern der JSA; Quelle: Mairhofer 2019, S. 32

Dennoch gibt es nach wie vor Schulen, die keine:n Schulsozialarbeiter:in und keine:n Schulsozialpädagog:in haben. Das ist nicht überraschend, wenn wir uns vor Augen halten, dass es rund 32.000 allgemeinbildende Schulen in Deutschland gibt. Wenn man großzügig alle rund 7.500 Personen aus der Statistik des Statistischen Bundesamts als sozialpädagogisch Tätige einstuft, hätte nur jede vierte Schule überhaupt Personal – rein statistisch gesehen. Selbst wenn wir davon ausgehen, dass die Zahl der in der Schulsozialarbeit Tätigen nach wie vor in der Statistik des Bundesamts unterschätzt wird,

24 Eigene Berechnungen auf der Grundlage der Statistiken der Kinder- und Jugendhilfe für 2016, 2018, 2020; vgl. Destatis 2018, 2020, 2022.
25 S. auch den Abschnitt 2.7.

verbessert dies die Lage nicht wirklich, denn manche Schulen haben zwar eine sozialpädagogische Fachkraft, aber sie ist gleichzeitig für mehrere Schulen zuständig, oder sie hat nur eine Teilzeitstelle. Nicht nur Berufsschulen und -kollegs, sondern auch Gesamtschulen sind meist sehr groß und bräuchten eigentlich mehrere Vollzeitstellen. Fachleute empfehlen einen Personalschlüssel von einer (Vollzeit-)Fachkraft je 200 Schüler:innen (1:200)[26], manche sogar von 1:150[27]. Bei aktuell 8,4 Millionen Schüler:innen in allgemeinbildenden Schulen und weiteren 2,4 Millionen in beruflichen Schulen bräuchte man demnach zwischen 54.000 und 72.000 VZÄ. Mit anderen Worten: Für eine flächendeckende und aus Sicht der Expert:innen ausreichende Versorgung bräuchte man ca. zehnmal so viel Personal wie das Statistische Bundesamt aktuell zählt. Vor dem Hintergrund des aktuell diskutierten Fachkräftemangels in der Sozialen Arbeit[28] sind solche Hochrechnungen besonders niederschmetternd. „Stärkere Abweichungen von dieser Orientierungsgröße nach unten erfordern deutliche Schwerpunktsetzungen im Arbeitsauftrag und haben Einschränkungen bei den Kernleistungen der Schulsozialarbeit und im Erreichungsgrad zur Folge, bzw. erfordern ggf. ergänzende Angebote und Leistungen Dritter".[29]

In einzelnen Bundesländern wie Baden-Württemberg, Bayern, Berlin, Niedersachsen, Rheinland-Pfalz oder Sachsen lässt sich beobachten, dass zunehmend vergleichbare Qualitätsstandards definiert und von Trägern und Fachkräften als Leitlinien für die Praxis anerkannt werden. Eine wichtige Rolle nehmen hierbei auch die Verbände und Organisationen ein, in denen sich die Fachkräfte und Träger zusammengeschlossen haben.[30]

26 Kommunalverband für Jugend und Soziales Baden-Württemberg 2016.

27 Kooperationsverbund Schulsozialarbeit 2015.

28 Vgl. z. B. Fischer/Graßhoff 2021, Hickmann/Koneberg 2022, Schneiders/Schönauer 2022, Loerzer 2023. Darüber hinaus muss darauf hingewiesen werden, dass auch in anderen Sozialberufen und im Lehrer:innen-Beruf aktuell ein Fachkräftemangel zu beklagen ist.

29 Kommunalverband für Jugend und Soziales Baden-Württemberg 2010, S. 23.

30 Einen Überblick über landesweite Vernetzungsstrukturen bietet die Website des Kooperationsverbunds Schulsozialarbeit www.kv-schulsozialarbeit.de/
Unter dem Stichwort „Vernetzung" finden sich hier Links zu vielen Homepages der Landesverbände. Im März 2017 haben sich diese Landesverbände zudem zum Bundesnetzwerk Schulsozialarbeit zusammengeschlossen.

2.3 Schulsozialarbeit als Handlungsfeld der Kinder- und Jugendhilfe

Wir verstehen die Schulsozialarbeit als ein Handlungsfeld der Kinder- und Jugendhilfe. Grundsätzlich gilt dies auch für jene Schulsozialarbeit, die nicht bei einem Träger der Kinder- und Jugendhilfe angesiedelt ist, sondern z.B. bei der Schule selbst[31]. Die sozialpädagogischen Fachkräfte sind den Werten, Grundsätzen und Handlungsprinzipien der Kinder- und Jugendhilfe verpflichtet und bedienen sich ihrer theoretischen Zugänge, Handlungskonzepte, Methoden und Techniken. Die Ausbildung der Schulsozialarbeiter:innen erfolgt in (Fach-)Hochschulstudiengängen für Soziale Arbeit.

Diese Setzung lässt sich fachlich[32], rechtlich[33] und historisch[34] argumentativ herleiten und begründen, bleibt aber politisch aus unterschiedlichen Gründen umstritten.[35]

Für die Praxis bedeutet die Festlegung auf die Kinder- und Jugendhilfe als maßgebliches Handlungsfeld, dass auch die kontinuierliche fachliche Anbindung an diese unerlässlich ist. Anstellungsträger von Schulsozialarbeit sollten daher in der Regel öffentliche[36] oder freie[37] Träger der Kinder- und Jugendhilfe sein, bei denen dann auch die Fachaufsicht liegt.[38] Besteht eine schulische oder gemeinsame Trägerschaft von Schule und Träger der Kinder- und Jugendhilfe, sollte die Fachaufsicht und/oder fachliche Beratung dennoch in jedem Fall bei der Kinder- und Jugendhilfe angesiedelt sein.

Für die Kinder- und Jugendhilfe hat der Gesetzgeber mit dem Sozialgesetzbuch 8 – Kinder- und Jugendhilfe (SGB VIII) – eine starke präventive und partizipatorische (Dienstleistungs-)Orientierung formuliert,[39] die auf freiwillige Inanspruchnahme bei der Zielgruppe setzt. Die Jugendhilfe soll nach § 1 Abs. 3 SGB VIII „insbesondere

31 Diese Variante findet man insbesondere in Niedersachsen.
32 Vgl. u. a. Speck 2009, Rademacker 2009, Spies/Pötter 2011.
33 Vgl. Kunkel 2016.
34 Vgl. Aden-Grossmann 2016.
35 Vgl. zur Diskussion z. B. Pötter 2014a, Meinunger 2016. Durch den neuen § 13a SGB VIII könnte es möglicherweise in Zukunft eine größere Einigkeit in diesem Punkt geben (vgl. Kap. 2.7).
36 Jugendämter der Landkreise oder kreisfreien Städte, Städte und Gemeinden.
37 Wohlfahrtsverbände und ihre Mitgliedsorganisationen, andere als Träger der Kinder- und Jugendhilfe anerkannte privatrechtlich verfasste Organisationen.
38 Dass dies in den Anfangszeiten der Schulsozialarbeit noch nicht selbstverständlich war, belegt beispielsweise Bundesministerium für Jugend, Familie, Frauen und Gesundheit 1990, S. 122.
39 Vgl. Speck 2009, S. 36.

1. junge Menschen in ihrer individuellen und sozialen Entwicklung fördern und dazu beitragen, Benachteiligungen zu vermeiden oder abzubauen,
2. Eltern und andere Erziehungsberechtigte bei der Erziehung beraten und unterstützen,
3. Kinder und Jugendliche vor Gefahren für ihr Wohl schützen,
4. dazu beitragen, positive Lebensbedingungen für junge Menschen und ihre Familien sowie eine kinder- und familienfreundliche Umwelt zu erhalten oder zu schaffen."

Daraus lässt sich als zentrale Funktion der Jugendhilfe die Integration von Kindern und Jugendlichen in die Gesellschaft ableiten.

Nach Fend erfüllt die Institution Schule drei Funktionen absichtsvoller und gesellschaftlich kontrollierter Erziehung: die Qualifikationsfunktion, die Selektions- und Allokationsfunktion sowie die Integrations- bzw. Legitimationsfunktion.[40] Die Qualifikationsfunktion zielt auf die Weitergabe von Wissen, die eine Gesellschaft benötigt, um sich selbst zu (re-)produzieren. Gleichzeitig muss dieses Wissen immer wieder angepasst werden an die sich verändernden (Re-)Produktionsbedingungen der Gesellschaft. Die Selektionsfunktion beschreibt die schulische Aufgabe der Chancenzuteilung innerhalb der gesellschaftlichen Strukturen: über Auswahlprozesse werden den jungen Menschen soziale Positionen zugewiesen bzw. zumindest bestimmte soziale Positionen ermöglicht. Als Integrationsfunktion bezeichnet Fend die schulische Vermittlung von Werten und Normen der Gesellschaft bzw. die schulische Sozialisation, die u.a. auch dazu führt, dass z. B. die Selektion und Allokation über schulische Leistungen grundsätzlich von allen anerkannt und akzeptiert wird.[41] Das heißt aber auch, es geht nicht nur um die Leistungsfähigkeit in Bezug auf das Vokabellernen, das Schnellrechnen oder das Verständnis von Texten, wenn Noten vergeben werden. Spies und Stecklina machen diese starke Koppelung zwischen Selektions- und Integrationsfunktion in der Schule deutlich, indem sie auf die Kontroll- und Ordnungsaufgaben der Schule verweisen, die den disziplinierenden Charakter des Schulbesuchs unterstreichen.[42] In der Integrationsfunktion versteckt sich demnach der Erziehungsauftrag der Schule, den sie neben dem Bildungsauftrag innehat. Gleichzeitig ist die Selektion nicht „eine gesellschaftlich aufgezwungene, erziehungsfeindliche Aufgabe"[43], sondern sie ist die Kehrseite der Erziehungsabsicht: „Selektion ist zunächst einmal die

40 Vgl. van Ackeren et al. 2015, S. 193f.; Spies/Stecklina 2015, S. 100.
41 Vgl. van Ackeren et al. 2015, S. 202.
42 Spies/Stecklina 2015, S. 140.
43 Luhmann 2002, S. 160.

zwangsläufige Folge der Absicht, richtig, lebensförderlich, sozial akzeptabel zu erziehen“[44]. Je nachdem, wie stark eine Schule die jeweiligen Funktionen in ihrem Selbstverständnis und in ihren Zielsetzungen betont, entsteht Raum für chancenbewahrende und den Einzelnen unterstützende oder eben eher für kompetitive und damit stärker ausgrenzende Strukturen.[45]

Die benannten Funktionen der Schule (nach Fend) lassen sich den Funktionen der Kinder- und Jugendhilfe folgendermaßen tabellarisch gegenüberstellen:

Tabelle 1: Funktionen von Schule und von Jugendhilfe[46]

Funktion der Schule (nach Fend)	Funktion der Jugendhilfe
Qualifikationsfunktion – Vermittlung funktional fachlicher und extrafunktionaler Kenntnisse und Fertigkeiten	Qualifikationsfunktion – Vermittlung von extrafunktionalen Kenntnissen und Fähigkeiten, wie z. B. Pünktlichkeit, Zuverlässigkeit, aber auch Team-, Konflikt- und Kommunikationsfähigkeit
Allokations- oder Selektionsfunktion – Zuweisung einer Position innerhalb des gesellschaftlichen Gesamtgefüges	Funktion Inklusionsfähigkeit erhalten – unerwünschte Nebenfolgen der Selektion ausgleichen (z. B. über ‚Cooling-out‘), (ungewollte) Effekte des Funktionssystems ‚Bildung‘ sichtbar und damit der Kritik zugänglich machen
Integrationsfunktion – kulturelle Sozialisation, Vermittlung von Regeln, Werten und Normen	Integrationsfunktion – kulturelle Sozialisation, aber auch Diversität und Funktion von Regeln, Werten und Normen sichtbar machen, Reflexivität stärken, Ausloten von Handlungs- und Möglichkeitshorizonten

44 Ebd., S. 69.

45 Angesichts der Tatsache, dass in anderen Gesellschaftsformen ein Aufstieg innerhalb des sozialen Gefüges nicht möglich war, ist das heutige System der leistungsbasierten Selektion sicherlich als Fortschritt zu bezeichnen. Insgesamt gibt es aber eine nicht unerhebliche Kluft zwischen dem Versprechen gleicher Chancen und der tatsächlich stattfindenden Selektion. Alle Forschungen (allen voran die PISA-Studien der OECD) bestätigen, dass die Selektion nicht allein nach Leistung erfolgt und dass bestimmte Gruppen trotz gleicher Leistungen schlechtere Chancen auf das Erreichen von höherer Bildung und Berufsabschlüssen haben. Diese Erkenntnis ruft die Jugendhilfe auf den Plan, die hier ihren Einmischungsauftrag aktualisiert sehen muss.

46 Vgl. Pötter 2023.

Für die Jugendhilfe lässt sich, wie für die Schule, eine Qualifikationsfunktion und eine Integrationsfunktion ausmachen. Der Schwerpunkt der Qualifikationsfunktion liegt im Kontext der Jugendhilfe jedoch auf den extrafunktionalen Kenntnissen. Sie regt (Selbst-)Bildung durch nicht-formelle und informelle Angebote an.[47] Ersteres vor allem durch von der formellen (schulischen) Struktur und Atmosphäre oft bewusst abgegrenzte Lernräume, Letzteres, indem sie intentional gewollte und gestaltete Erfahrungsräume zur Verfügung stellt, die vom Alltag der meisten Jugendlichen abweichende Erfahrungen provozieren sollen. Gleichzeitig wird über die sozialpädagogischen Fachkräfte ein Reflexionsangebot zur Verfügung gestellt, ohne welches solche Erfahrungen auch ins Leere laufen oder sogar kontraproduktiv sein können. Die sozialen Aspekte der Lebensführung stehen im Mittelpunkt ihrer pädagogischen Konzeption. Die Auseinandersetzung mit der eigenen Persönlichkeit und Identität sowie mit dem eigenen Verhalten in einer Gruppe rücken damit in den Vordergrund, obwohl natürlich auch im Rahmen dieser Angebote Inhalte vermittelt werden. Durch ihre non-formellen Angebote und ihren bewussten Umgang mit informellen Bildungskontexten ermöglicht die Jugendhilfe (Selbst-)Bildung in einem erheblichen Maße. Dennoch zielt auch die Kinder- und Jugendhilfe auf eine Erziehung zu ‚richtigem' Verhalten. Im SGB VIII heißt es: „Jeder junge Mensch hat ein Recht auf Förderung seiner Entwicklung und auf Erziehung zu einer eigenverantwortlichen und gemeinschaftsfähigen Persönlichkeit" (SGB VIII § 1(1)). Damit legt sich die Kinder- und Jugendhilfe nicht auf einen inhaltlichen Kanon fest, sondern beschreibt das Ziel der Persönlichkeitsbildung, welche aber nicht wertneutral, sondern an das freiheitlich-demokratische Grundverständnis rückgebunden ist.

Am stärksten unterscheiden sich Schule und Jugendhilfe in Bezug auf die Selektionsfunktion: Während man für Schule durchaus sagen kann, dass sie durch Selektion erzieht,[48] geht es aufseiten der Jugendhilfe darum, die Kinder und Jugendlichen dabei zu unterstützen, Erfahrungen von Scheitern und Ausgrenzung für sich selbst konstruktiv zu verarbeiten und Formen der Bewältigung zu erlernen, die einen weiteren Anschluss an gesellschaftliche Strukturen zumindest nicht erschweren. Gleichzeitig ist es eine zentrale Aufgabe der Jugendhilfe, die Effekte der Selektion sichtbar und damit der Kritik zugänglich zu machen. Hier sind vor allem Fragen sozialer Gerechtigkeit angesprochen.

47 Vgl. Spies/Pötter 2011.
48 Vgl. Spies/Pötter 2011, S. 40.

Schulsozialarbeit zielt also in ihrer Arbeit zum Teil auf vergleichbare Ebenen wie die Schule, verfolgt aber statt der Selektion die Inklusion und nimmt dabei nicht nur schulische und berufliche Themen in den Blick, sondern bezieht alle Bereiche des Lebens mit ein. Damit stellt sie ein notwendiges Korrektiv zur Schule dar, da sie Gerechtigkeitsfragen und Teilhabechancen in der Schule und im Bildungssystem thematisiert.

Diese institutionellen Unterschiede hat Rückwirkungen auf die Rolle der Lehrkräfte und die der Schulsozialarbeiter:innen: „Die Tätigkeit von Lehrern und Schulsozialarbeitern unterscheidet sich durch verschiedene Aufträge, Aufgabenschwerpunkte, Fachkompetenz und Arbeitsweisen."[49] Sich dies immer wieder bewusst zu machen und gegenüber unterschiedlichsten Anspruchsgruppen zu betonen, ist für Schulsozialarbeiter:innen im Alltag sehr bedeutsam.

Die sozialpädagogischen Fachkräfte der Schulsozialarbeit sind – in der Regel – die einzigen ihrer Profession an der jeweiligen Schule.[50] Sie stehen einem schulpädagogischen Kollegium aus Schulleitung und Lehrkräften zur Seite,[51] die die sozialarbeitsspezifischen Sicht- und Zugangsweisen nicht kennen und nicht selten nur sehr grundständige pädagogische Kenntnisse haben, da sich die Lehrer:innen-Ausbildung nach wie vor weitgehend an Unterrichtsinhalten und Fachdidaktik ausrichtet. Da bedarf es dann fester Wurzeln in der eigenen sozialpädagogischen Fachlichkeit und gut ausgeprägter kommunikativer Kompetenz, um auch in konflikthaften Situationen professionell agieren zu können.

2.4 Schulsozialarbeit als Akteurin ganzheitlicher Bildung und Teil kommunaler Bildungslandschaften

Schulsozialarbeiter:innen sind sozialpädagogische Bildungsakteur:innen.[52] Durch ihr professionelles Handeln tragen sie dazu bei, dass sich Kinder und Jugendliche zu eigenverantwortlichen und gemeinschaftsfähigen Persönlichkeiten entwickeln. Sie arbeiten nach dem Grundsatz der Ganzheitlichkeit

49 Kommunalverband für Jugend und Soziales Baden-Württemberg 2010.
50 Der Kommunalverband für Jugend und Soziales Baden-Württemberg hat in seiner letzten Erhebung zum Schuljahr 2014/2015 eine Quote von 85 % Schulsozialarbeiter:innen erfasst, die als einzige sozialpädagogische Fachkräfte an einer Schule arbeiten; vgl. KVJS 2016.
51 Oder manchmal auch „gegenüber", wie Lachat ursprünglich formulierte.
52 Im Verständnis von „Bildung" folgen wir hier Ulrich Müller: „Bildung bezeichnet den Prozess der Entwicklung von Individualität und Persönlichkeit eines Menschen in der Auseinandersetzung mit der ihn umgebenden sozialen und natürlichen Umwelt. [...] Diese Aufgabe betrifft den ganzen Menschen ‚mit Kopf, Herz und Hand'" (Müller 2009, S. 74).

und dem Prinzip des Lebensweltbezugs. Sie beurteilen Kinder und Jugendliche – und selbstverständlich auch alle anderen Menschen, mit denen sie interagieren – nicht nur in kognitiv-intellektuellen Kategorien, sondern richten ihren Blick genauso auf körperliche sowie affektiv-emotionale Aspekte. Die sozialpädagogischen Fachkräfte gestalten ihre Angebote so – und wählen ihre Methoden und Handlungskonzepte entsprechend –, dass junge Menschen neben den geistigen, kulturellen und lebenspraktischen Fähigkeiten auch ihre personalen und sozialen Kompetenzen erweitern können. Dies bedeutet auch, die außerschulischen Bildungs- und Unterstützungsangebote im kommunalen und regionalen Umfeld der Schule für Kinder und Jugendliche zu erschließen. An der Schnittstelle zwischen Jugendhilfe und Schule agiert die Schulsozialarbeit oftmals als Türöffner aus der Schule heraus ins lokale Gemeinwesen hinein – und umgekehrt. Und so kommt der Schulsozialarbeit faktisch eine zentrale Bedeutung in der Ausgestaltung kommunaler Bildungslandschaften zu.

Eine kommunale Bildungslandschaft ist ein „vernetztes System von Bildung, Erziehung und Betreuung bzw. von entsprechenden Institutionen und Organisationen, die in einer Kommune vertreten sind – eingefügt in ein kommunales Gesamtkonzept ganzheitlicher Bildung, in dem die verschiedenen Bereiche zusammen wirken mit dem Ziel, Kinder und Jugendliche entlang ihrer Bildungsbiografie individuell zu fördern."[53]

Im Oktober 2005 unterrichtete die Bundesregierung den Deutschen Bundestag über den Zwölften Kinder- und Jugendbericht und ihre Stellungnahme hierzu[54]. Als Beitrag zur anschließenden Auseinandersetzung mit dessen Inhalten erschien im Juni 2007 das Diskussionspapier des Deutschen Vereins zum Aufbau Kommunaler Bildungslandschaften[55] sowie im November 2007 die darauf aufbauende Aachener Erklärung des Deutschen Städtetages anlässlich des Kongresses „Bildung in der Stadt" am 22./23. November 2007.[56]

Viele Kommunen haben seitdem „das Leitbild der ‚Kommunalen Bildungslandschaft' aufgegriffen und die notwendigen Inhalte und konkrete Planungsschritte weiterentwickelt, um ‚die kommunale Bildungsverantwortung' zu stärken"[57] und die vor Ort vorhandenen Angebote von Bildung, Erziehung und Betreuung zu einem konsistenten Gesamtsystem

53 Weiß 2011, S. 181.
54 Vgl. BMFSFJ 2005.
55 Vgl. Deutscher Verein für öffentliche und private Fürsorge 2007.
56 Vgl. Deutscher Städtetag 2007.
57 Weiß 2011, S. 23.

zusammenzuführen. „Die Idee der lokalen Bildungslandschaft trifft auf eine bereits seit längerem [...] wachsende Struktur der institutionellen Vernetzung [...] die nun durch politische Strategien beschleunigt werden soll. In ihrer Umsetzung wird dabei zwar längst nicht immer zwangsläufig auch die Schulsozialarbeit konzeptionell berücksichtigt sein, aber dort wo sie vorhanden ist, wird sie absehbar eine wichtige Rolle in der praktischen Umsetzung am Ort der Schule spielen und an Steuerungsprozessen zu beteiligen sein".[58]

Dies impliziert, dass diese Vernetzungsaufgabe auch zeitlich Ressourcen erfordert, die bei der Ausstattung der Schulsozialarbeit berücksichtigt werden müssen.

2.5 Zielgruppen und Adressat:innen

In den meisten Publikationen zum Thema „Schulsozialarbeit" werden die drei Gruppen „Kinder und Jugendliche", „Eltern oder Erziehungssorgeberechtigte" und die „Lehrer:innen" als Zielgruppe der Arbeit genannt. Dies ist vor dem Hintergrund der Kooperationsperspektive nicht ganz unproblematisch, wie insbesondere Spies/Pötter 2011 herausgearbeitet haben.[59] Dennoch folgen wir hier auch dieser Vorstellung unter dem Vorbehalt, dass Eltern und Lehrer:innen eben auch – und im Falle der Lehrer:innen in jedem Fall vorwiegend – als Kooperationspartner:innen zu verstehen sind und alle Aktivitäten der Schulsozialarbeiter:innen letztlich auf eine Verbesserung der Situation der Kinder und Jugendlichen zielen.

2.5.1 Kinder und Jugendliche

Schulsozialarbeit richtet sich in erster Linie an Kinder und Jugendliche: an alle Kinder und Jugendlichen einer Schule, nicht ausschließlich an benachteiligte und beeinträchtigte, wenngleich selbstverständlich deren Erreichung, Unterstützung und Förderung eine besondere Bedeutung zukommt.

Je nach Schulart, Schulform und konzeptioneller Rahmung hat sie es mit sechsjährigen Kindern zu tun, die gerade erst vom Kindergarten in die Grundschule gewechselt sind, mit Kindern, die den Wechsel in die Sekundarstufe hinter sich haben und sich in einem neuen Lebensabschnitt orientieren müssen, mit Jugendlichen, die sich auf den Übergang von der Schule in die Arbeitswelt (ggfs. über eine Ausbildung oder ein Studium) vorbereiten

58 Spies 2013a, S. 9/10; zu Möglichkeiten und Grenzen des Reformpotenzials der Schulsozialarbeit im Kontext der Bildungslandschaft s. Spies 2013b.
59 Spies/Pötter 2011, S. 46 ff.

oder mit jungen Erwachsenen, die sich bereits mitten in diesem Übergang befinden und daher eine Berufsschule besuchen. Im Rahmen von Schulmüdigkeitsprojekten machen Schulsozialarbeiter:innen auch Angebote für Kinder, Jugendliche und junge Erwachsene, die nicht mehr oder nicht mehr regelmäßig die Schule besuchen.[60]

Diese Heterogenität der Zielgruppe stellt sicherlich eine Herausforderung für die sozialpädagogischen Fachkräfte an der Schule dar. Auch wenn durch die unterschiedlichen Schularten und -formen in den allermeisten Schulen die Altersheterogenität etwas begrenzt wird, wird deutlich, dass die Bedürfnisse der Kinder oder Jugendlichen oder jungen Erwachsenen je nachdem, wo sie sich innerhalb ihrer Bildungsbiografie befinden, sehr unterschiedlich ausfallen. Deshalb ist man in einigen Schulen auch dazu übergegangen, Schulsozialarbeit für bestimmte Schulstufen bzw. Jahrgänge mit jeweils eigenem Profil – womöglich auch mit eigenen Ansprechpartner:innen – anzubieten. Aber die Heterogenität ergibt sich nicht nur durch die unterschiedlichen Alters- und Entwicklungsstufen der Schüler:innen. Darüber hinaus verweisen wir an dieser Stelle auch auf die verschiedenen persönlichen Merkmale, die mit Zuschreibungen und Chancenverteilungen verbunden sein können, die durch Begriffe wie „Diversity" oder „Intersektionalität" gekennzeichnet werden.[61]

2.5.2 Erziehungsberechtigte und andere erwachsene Bezugspersonen

Kein Kind oder Jugendlicher lebt für sich isoliert. Sie sind Teil einer Familie oder eines familienähnlichen Systems mit erwachsenen Bezugspersonen. Daher ist es für die Schulsozialarbeit selbstverständlich, dass sie Eltern, Großeltern, andere Verwandte und für den jungen Menschen wichtige Erwachsene in ihrer Arbeit stets mitdenkt und aktiv einbezieht.

Erziehungsberechtigte werden in Erziehungsfragen beraten und unterstützt, über andere Hilfsangebote informiert und so oft wie möglich als Erziehungspartner:innen in der Ausgestaltung einzelner Angebote der Schulsozialarbeit beteiligt.

---

60 Ein Beispiel hierfür ist das sog. Stuttgarter Modell, bei dem die Fachkräfte der Schulsozialarbeit gleichzeitig einen Auftrag in der Mobilen Jugendarbeit haben, vgl. Bolay et al. 2003. Hierzu können aber auch z. B. Schulmüdenprojekte zählen.

61 Vgl. Spies/Pötter 2011.

2.5.3 Lehrkräfte und Schulleitung

Lehrer:innen und Schulleiter:innen sind sowohl die wichtigsten Kooperationspartner:innen als auch Zielgruppen von Schulsozialarbeit. Nach Speck soll Schulsozialarbeit

- „LehrerInnen für die Sichtweisen und Lebenswelten von Kindern und Jugendlichen und sozialpädagogische Fragestellungen sensibilisieren,
- LehrerInnen über konkrete Unterstützungsmöglichkeiten sowie Kooperationspartner bei den sozialen Einrichtungen und Diensten vor Ort informieren,
- LehrerInnen in Bezug auf sozialpädagogische Themen (z. B. Präventionskonzepte, Elternarbeit) beraten und fortbilden,
- LehrerInnen konkrete fachliche Anregungen für die Verringerung und Bewältigung von akuten Problemen von SchülerInnen und in Klassen bieten und schließlich
- als Vermittler und Berater bei Konflikten zwischen Lehrern und Schülern agieren."[62]

Viele Angebote der Schulsozialarbeit, besonders im Aufgabenfeld sozialpädagogische Gruppenarbeit, Projekte und Arbeit mit Schulklassen, werden gemeinsam mit Lehrer:innen geplant und durchgeführt. Hier erwächst der besondere Gewinn für die Kinder und Jugendlichen aus den unterschiedlichen Rollen, Funktionen und methodischen Ansätzen. Wenn Schul- und Sozialpädagog:innen miteinander kooperieren, profitieren sowohl die Schüler:innen von den unterschiedlichen Kompetenzen als auch sie selbst.

2.6 Leistungsspektrum und Angebote

In der Schulsozialarbeit hat sich in den letzten Jahren ein Spektrum an Leistungen und Angeboten herausgebildet, welches sich in den folgenden vier Bereichen beschreiben lässt:

- Einzelhilfe und Beratung in individuellen Problemsituationen
- Sozialpädagogische Gruppenarbeit, Projekte und Arbeit mit Schulklassen
- Innerschulische und außerschulische Vernetzung und Gemeinwesenarbeit
- Offene Angebote für alle Schülerinnen und Schüler

62 Speck 2009, S. 53; Spies/Pötter sehen diese Aufgaben eher als einen Aspekt der Kooperation, wenn diese auf den Niveaus 3 und 4 als „gegenseitige Beratung" und „gemeinsame Projektentwicklung" stattfindet (vgl. Spies/Pötter 2011, S. 29 ff.).

Auch wenn in Konzepten sowie der Literatur oftmals andere Begrifflichkeiten für das, was Schulsozialarbeiter:innen machen und vor allem mehr Kategorien zu finden sind, lässt sich alles, was Schulsozialarbeit an sozialpädagogischem Handeln an Schulen (unabhängig welcher Schulform) bereithält, unter einen dieser Bereiche fassen und somit auch für Laien übersichtlich und leicht verständlich strukturieren.[63]

Selbstverständlich sind in den einzelnen Schulen die Schwerpunkte innerhalb dieser Bereiche unterschiedlich gesetzt – idealerweise abhängig vom zuvor definierten Bedarf und nicht in erster Linie von den persönlichen Vorlieben einzelner Akteur:innen. Im dritten Teil dieses Buches wird dieses Leistungsspektrum anhand konkreter Fallbeschreibungen aus der Praxis detailliert dargestellt.

An dieser Stelle wollen wir außerdem stichwortartig einige Aufgaben nennen, die zwar für eine gelingende schulische Bildung wichtig sind, aber grundsätzlich nicht zum Portfolio der Schulsozialarbeit zählen: Hausaufgabenbetreuung, Unterrichtsvertretung, Organisation des Ganztagsbetriebs, Mittagessen- und Pausenaufsicht sowie Randzeitbetreuung.[64]

2.7 Rechtlicher Rahmen

Für die Schulsozialarbeit als Handlungsfeld der Jugendhilfe gelten in erster Linie dieselben rechtlichen Bestimmungen wie für andere Bereiche der Kinder- und Jugendhilfe auch: Die Regelungen des Sozialgesetzbuches Achtes Buch (Kinder- und Jugendhilfe) – SGB VIII.

Am 10.6.2021 trat das Kinder- und Jugendstärkungsgesetz (KJSG) in Kraft, welches das Sozialgesetzbuch VIII (SGB VIII) Kinder- und Jugendhilfe reformierte. Mit der Reform wurde der Paragraf 13a „Schulsozialarbeit" eingeführt. – „Wieso eingeführt?" wird nun die aufmerksame Leserin bzw.

63 Als Schulsozialarbeiter in Ehningen hat B. Lachat diese Bereiche – er nennt sie auch Kernaufgaben – bereits im ersten Konzept von 2003 als „die vier Puzzleteile der Schulsozialarbeit" formuliert und damit eine anschauliche Übersicht für seine Arbeit erstellt. Damit folgt Lachat einer Systematik, die aus der Methodendiskussion der Sozialen Arbeit kommt, in der die grundlegenden Herangehensweisen der Einzel(fall)hilfe, der Gruppenarbeit und der Gemeinwesenarbeit unterschieden werden (vgl. z. B. Galuske/Müller 2012). Die ‚Offenen Angebote' würden hier auch unter die Gemeinswesenarbeit fallen, die einen niedrigschwelligen Zugang zur Zielgruppe überhaupt erst ermöglichen und mögliche einzel- oder gruppenbezogene Arbeit vorbereiten sollen.

64 Vgl. beispielsweise Kommunalverband für Jugend und Soziales Baden-Württemberg 2010, S. 19.

der aufmerksame Leser denken, denn in Kapitel 2.1 wurde von einer über 50-jährigen Entwicklung der Schulsozialarbeit gesprochen. Der Begriff der Schulsozialarbeit tauchte aber bis zum 10.6.2021 nicht im SGB VIII auf.[65] Stattdessen bezogen sich die Landesprogramme und Projektträger vorher insbesondere auf den § 13 Jugendsozialarbeit SGB VIII und/oder auf die §§ 11, 14, 16 und 81 SGBVIII, wenn sie Schulsozialarbeit rechtlich verorten wollten.

Inwieweit die Veränderungen durch die jüngste Reform des SGB VIII und damit die Einführung des Paragrafen 13a zu inhaltlichen oder strukturellen Veränderungen führen wird, ist zurzeit noch offen, denn auch wenn es nun zumindest den Begriff der „Schulsozialarbeit" im SGB VIII gibt, heißt es gleichzeitig in dem neuen Paragrafen: „Das Nähere über Inhalt und Umfang der Aufgaben der Schulsozialarbeit wird durch Landesrecht geregelt." Damit bleibt der Status quo weitestgehend erhalten und die Bundesländer können ihr je spezifisches Verständnis von Schulsozialarbeit über Landesrecht festschreiben.[66] Positiv am § 13a ist neben der grundlegenden gesetzlichen Verankerung von Schulsozialarbeit im Kinder- und Jugendhilferecht, dass keine nähere Zielgruppenbeschreibung erfolgt, d.h. Angebote der Schulsozialarbeit stehen in Zukunft grundsätzlich allen Schüler:innen zur Verfügung.[67] Gleichzeitig ist die Formulierung „Schulsozialarbeit umfasst sozialpädagogische Angebote nach diesem Abschnitt, die jungen Menschen am Ort Schule zur Verfügung gestellt werden" so allgemein gehalten, dass auch Angebote darunterfallen könnten, die ihre Arbeit nicht auf den Lern- und Lebensraum Schule beziehen, sondern lediglich am Ort Schule stattfinden. Das heißt, es fehlt weiterhin eine fachlich-inhaltliche Bestimmung von Schulsozialarbeit.[68] In Zukunft werden vermutlich dennoch zunehmend Bezüge zum neuen Paragraphen in Konzepten der Schulsozialarbeit hergestellt werden.

Darüber hinaus sind die Schulgesetze der Länder und die dazugehörigen Ausführungsgesetze und Rechtsverordnungen wichtig: In den Bundesländern gibt es unterschiedliche Traditionen, wo die Schulsozialarbeit in der Regel verankert wird. So sind z. B. in Niedersachsen über das Landesprogramm

65 Kunkel sprach von der Schulsozialarbeit in diesem Zusammenhang von einem „Phantombegriff"; vgl. Kunkel 2016, S. 14.

66 S. zu den landrechtlichen Regelungen Alicke/Hilkert 2012; Speck 2014.

67 Die vorherige häufige Zuordnung zu § 13 Jugendsozialarbeit SGB VIII wurde häufig kritisiert, weil in diesem die Zielgruppe der sozial benachteiligten und individuell beeinträchtigten Kinder und Jugendlichen beschränkt wurde (vgl. Spies/Pötter 2011, S. 59 ff.).

68 S. zur Einordnung der Reform des Kinder- und Jugendhilfegesetzes, insbesondere zum neuen § 13a SGB VIII Eckert, Bassarak 2021, Schad-Heim 2021, Meinunger 2022.

„Soziale Arbeit in schulischer Verantwortung“ viele Schulsozialarbeitsstellen implementiert. Anders in Bayern, wo über die „Jugendsozialarbeit an Schulen (JaS)“ Stellen nach § 13 SGB VIII verankert wurden.[69] Das bedeutet nicht, dass es in den jeweiligen Bundesländern nicht auch anders ausgerichtete bzw. verankerte Schulsozialarbeit gibt, aber über die Landesprogramme haben sich jeweils dominante Formen durchgesetzt.

Nicht zuletzt spielen für den einzelnen Standort die örtliche Jugendhilfeplanung sowie entsprechende Beschlüsse der Kommunalpolitik eine entscheidende Rolle in der konkreten Ausgestaltung der Schulsozialarbeit.

2.7.1 Recht auf Erziehung, Elternverantwortung, Jugendhilfe: § 1 SGB VIII

Auch wenn es sich bei § 1 SGB VIII Abs. 1 eher um eine symbolische Norm mit moralischem Appellcharakter handelt,[70] so ergibt sich daraus durchaus eine sozialpädagogische Leitbildfunktion für die Fachkräfte und Träger von Jugendhilfe im Allgemeinen und von Schulsozialarbeit im Besonderen. Nach Münder bedeutet diese Gesetzesformulierung, „dass Menschen in ihren Lebenslagen akzeptiert werden, dass sozialpädagogische Arbeit dort ansetzt, wo die Menschen sich befinden, dass vorhandene Erfahrungen und Fähigkeiten nicht diskriminiert, sondern positiv verstärkt werden, um so den Aufbau einer eigenständigen, selbstbewussten Persönlichkeit zu fördern“.[71]

§ 1 Abs. 3 SGB VIII macht deutlich, dass die Jugendhilfe nicht bloß auf soziale Problemlagen reagiert, sondern vielmehr die Lebensbedingungen von Kindern und Jugendlichen aktiv gestaltet. Sie „soll dazu beitragen, positive Lebensbedingungen für junge Menschen und ihre Familien sowie eine kinder- und familienfreundliche Umwelt zu erhalten oder zu schaffen.“ Er begründet einen strukturellen Kinder- und Jugendschutz. Gleichzeitig wird aus ihm z. B. in Verbindung mit § 11 SGB VIII auch ein eigenständiger Bildungsauftrag für die Kinder- und Jugendhilfe abgeleitet sowie die Notwendigkeit, sich auch am Ort Schule für die Bedürfnisse der Kinder und Jugendlichen einzusetzen, z. B. durch die Einrichtung von Schulsozialarbeit.[72]

---

69 Eine ausführlichere Darstellung der Gesetzeslage in den Bundesländern findet sich bei Alicke/Hilkert 2012.
70 Vgl. Münder et al. 2003, S. 87.
71 Münder et al. 2003, S. 88.
72 Vgl. z. B. Spies/Pötter 2011, S. 59 ff.

2.7.2 Aufgaben der Jugendhilfe: § 2 SGB VIII

Dieser Paragraf benennt die Aufgaben der Jugendhilfe insgesamt. Er beinhaltet sämtliche Leistungen und andere Aufgaben der Jugendhilfe. Seit der Reform des Kinder- und Jugendhilfegesetzes wird hier auch explizit die Schulsozialarbeit genannt (§ 2 Abs. 2 Nr. 1). Er stellt keine Rechtsgrundlage im engeren Sinn dar, ist aber für eine Einordnung hilfreich.

2.7.3 Schutzauftrag bei Kindeswohlgefährdung: § 8a und b SGB VIII

Der § 8a ist die gesetzliche Grundlage für einen intervenierenden Kinderschutz. Die Fachkräfte der Schulsozialarbeit müssen, ebenso wie die Lehrkräfte, die den Verdacht auf eine Kindeswohlgefährdung haben, dieses an das Jugendamt melden. Das Vorgehen wurde 2012 durch das Bundeskinderschutzgesetz § 4 KKG grundlegend geregelt und vereinheitlicht.[73] Demnach ist eine Gefährdungseinschätzung vorzunehmen; die Fachkräfte haben einen Anspruch auf Beratung durch eine „insoweit erfahrene Fachkraft" (§ 8b SGB VIII); sie sollen darauf hinwirken, dass Hilfen in Anspruch genommen werden und es muss eine Mitteilung an das Jugendamt erfolgen, sofern dies zur Abwendung der Gefahr oder weiteren Klärung erforderlich ist. Schulsozialarbeiter:innen und Lehrer:innen können auch zur Einschätzung einer Gefährdungssituation durch das Jugendamt hinzugezogen werden.

2.7.4 Jugendarbeit: § 11 SGB VIII

§ 11 weist der Jugendarbeit eine klar benannte Bildungsfunktion zu. Dem liegt ein erweiterter Bildungsbegriff zugrunde, „der lebensweltorientiert ansetzt und dabei die soziale Situation und die Bedürfnisse der jungen Menschen berücksichtigt."[74]

In § 11 Abs. 3 Nr. 3 werden zu den Schwerpunkten der Jugendarbeit ausdrücklich die „arbeitswelt-, schul- und familienbezogene Jugendarbeit" gezählt.

73 Vgl. Schönecker/Meysen 2016
74 Münder et al. 2003, S. 162.

Während Speck in § 11 SGB VIII keine Rechtsgrundlage für die Schulsozialarbeit erkennt, sehen Münder et al.[75], Spies/Pötter[76] sowie der Kooperationsverbund Schulsozialarbeit[77] diesen als Grundlage einer vielfältigen Angebotspalette schulbezogener Jugendarbeit. Schulsozialarbeit macht in diesem Kontext

- außerunterrichtliche Angebote in der Freizeit,
- Angebote der Jugendberatung,
- Bildungsarbeit im Rahmen spezifischer Seminare und
- Projekte der Prävention.

In der Praxis beziehen sich viele Träger von Schulsozialarbeit in ihren Konzepten neben dem im Folgenden erläuterten § 13 SGB VIII auch auf § 11 SGB VIII.

2.7.5 Jugendsozialarbeit: § 13 und 13a SGB VIII

In nahezu allen aktuellen Konzepten der Schulsozialarbeit wird § 13 SGB VIII als Bezugsparagraf für Schulsozialarbeit angegeben. Das ist folgerichtig, da nach § 13 Abs. 1 SGB VIII „[j]ungen Menschen, die zum Ausgleich sozialer Benachteiligungen oder zur Überwindung individueller Beeinträchtigungen in erhöhtem Maße auf Unterstützung angewiesen sind, […] im Rahmen der Jugendhilfe sozialpädagogische Hilfen angeboten werden [sollen], die ihre schulische und berufliche Ausbildung, Eingliederung in die Arbeitswelt und ihre soziale Integration fördern". Und eben dies ist ein zentraler Auftrag der Schulsozialarbeit.

Dennoch wurde eine Subsumierung unter den § 13 SGB VIII von Expert:innen immer wieder kritisiert, da er damit Angebote an alle Kinder und Jugendlichen in der Schule verhindert und dadurch präventive Angebote erschwert. Gleichzeitig wurde ein Labeling-Effekt für Kinder und Jugendliche befürchtet, die die Schulsozialarbeit in Anspruch nehmen.[78] Insofern ist die Einführung des § 13a eine wichtige Neuerung, da hier eindeutig alle Kinder und Jugendlichen als Zielgruppe von Schulsozialarbeit genannt werden. Darüber hinaus verortet der neue Paragraf die Schulsozialarbeit klar in der Kinder- und Jugendhilfe.

---

75 Münder et al. 2003, S. 166 f.
76 Spies/Pötter 2011, S. 59 ff.
77 Kooperationsverbund Schulsozialarbeit 2015.
78 Vgl. Speck 2009, S. 58; Spies/Pötter 2011, S. 59 ff., Pötter 2014a.

2.7.6 Erzieherischer Kinder- und Jugendschutz: § 14 SGB VIII

Kinder- und Jugendschutz ist „Bestandteil einer auf Prävention und Integration abzielenden Förderung von Kindern und Jugendlichen".[79] Hierunter fallen unmittelbare pädagogische Angebote, Informations-, Aufklärungs-, Fortbildungs-, Beratungs- und Schulungsangebote für junge Menschen, Eltern und Erziehungsberechtigte sowie für Dritte; auch Vernetzungsaktivitäten und Öffentlichkeitsarbeit.[80] Man unterscheidet primär-präventive und sekundär-präventive Maßnahmen. Erstere richten sich generell an alle Kinder und Jugendlichen, Letztere an Kinder und Jugendliche, die bereits besonders gefährdet sind.[81] Schulsozialarbeit macht vielfältige Angebote im Sinne dieser Jugendhilfe-Aufgabe, weshalb auch die konzeptionelle Bezugnahme auf § 14 SGB VIII sinnvoll und hilfreich ist.[82]

Klassische Themen, die in präventiven Ansätzen in der Schulsozialarbeit bearbeitet werden, sind der Umgang mit Sexualität und Verhütung, der Umgang mit Konflikten in Peergroups, Sucht und Suchtmitteln, Mobbing- und Gewalt-Erfahrungen, aber auch Aufklärung über den gesetzlichen Jugendschutz und das Jugendschutzgesetz. Dies ist angesichts eines immer leichteren und früheren Zugangs zu Medien eine besondere Herausforderung für die Fachkräfte der Jugendhilfe geworden. „Die Kunst der Verknüpfung des Schutz- und des Förderparadigmas besteht darin, darauf zu achten, dass Kinder und Jugendliche größtmögliche Chancen der Entfaltung erhalten, ihre Entwicklungsressourcen auch aktiv nutzen können, und dass dabei zugleich der Belastungsgrad möglicher Gefährdungen auf ein Maß begrenzt wird, bei dem jungen Menschen entsprechend ihrem Entwicklungsstand keinen Schaden nehmen können".[83]

Schulsozialarbeit hat hier gute Ansatzmöglichkeiten, um mit Kindern, Jugendlichen, Eltern und anderen pädagogischen Partner:innen Chancen und Risiken zu beleuchten und geeignete Präventionskonzepte zu entwickeln.

---

79 Münder et al. 2003, S. 183.
80 Vgl. Nikles 2015, Begriff, Handlungsformen.
81 Umbach 2016, S. 80.
82 Vgl. für eine ausführliche Diskussion die Zeitschrift Blickpunkt Kinder- und Jugendschutz: Jugendschutz geht zur Schule! herausgegeben von der Bundesarbeitsgemeinschaft Kinder- und Jugendschutz 2016; vgl. auch Kap. 3.2.4.
83 Nikles 2015, Konzeptionelle Zuordnungsfragen.

2.7.7 Jugendhilfeplanung und Zusammenarbeit mit anderen Stellen und öffentlichen Einrichtungen: § 80 und 81 SGB VIII

Ist die Schulsozialarbeit bei einem Träger der öffentlichen Jugendhilfe angesiedelt, so können auch § 80 SGB VIII (Jugendhilfeplanung) und § 81 SGB VIII (Zusammenarbeit mit anderen Stellen und öffentlichen Einrichtungen) als begründende Norm mit herangezogen werden, ohne eine Rechtsgrundlage im engeren Sinne darzustellen. Diese Paragrafen des Kinder- und Jugendhilfegesetzes können „als Abstimmungsgebot zwischen Jugendhilfe- und Schulentwicklungsplanung" und als „eine Verpflichtung zur Kooperation mit den ‚Schulen und Stellen der Schulverwaltung'"[84] interpretiert werden. Aufgrund der Autonomie der freien Träger binden diese Rechtsvorschriften jedoch nur die öffentlichen Träger.

Die Jugendhilfeplanung als ein durch Kommunikation und Partizipation bestimmter Prozess[85] hat den Bestand aller Handlungsfelder der Jugendhilfe (einschließlich der Schulsozialarbeit) zu erheben und den Bedarf „unter Berücksichtigung der Wünsche, Bedürfnisse und Interessen der jungen Menschen und der Personensorgeberechtigten"[86] zu benennen, wobei die anerkannten Träger der freien Jugendhilfe bei diesem vom öffentlichen Träger verantworteten Prozess in der Regel grundsätzlich von Anfang an zu beteiligen sind.

Durch die bundesweit sehr heterogen verlaufende Entwicklung von Schulsozialarbeit hat sich auch die Förderpraxis recht unterschiedlich entwickelt. So gibt es kleinere und größere Städte und Gemeinden, die ihre Angebote der Schulsozialarbeit vollständig selbst finanzieren. Viele Landkreise haben zudem eigene Förderprogramme aufgelegt, mit denen die Schulsozialarbeit entweder voll oder zumindest teilweise von ihnen getragen wird.

Immer wieder werden über Bundesprogramme Schulsozialarbeitsstellen (re-)finanziert und neue Stellen geschaffen. So wurde z. B. 2011 das Bildungs- und Teilhabepaket beschlossen, über welches den Kommunen „jährlich zusätzlich 400 Millionen Euro für das Mittagessen von Kindern in Hortbetreuung und Schulsozialarbeit zur Verfügung [gestellt]".[87] wurde. Mit diesem Geld sollten zur Unterstützung der Kinder und Jugendlichen „rund 3.000 neue Stellen für die Schulsozialarbeit geschaffen werden".[88] Zuletzt diente

84 Speck 2009, S. 57.
85 Vgl. Münder et al. 2003, S. 692.
86 § 80 Abs. 1 Nr. 2 SGB VIII.
87 Leyen 2011.
88 Kooperationsverbund Jugendsozialarbeit 2011, S. 1; s. kritisch zur Finanzierung der Schulsozialarbeit über die BuT-Mittel Pötter 2014a.

das Aktionsprogramm „Aufholen nach Corona" (2021 bis 2023) u.a. dem Ausbau von Stellen für Sozialpädagog:innen und Schulpsycholog:innen. Eine dauerhafte, verlässliche Finanzierung ist aber bislang nicht vorhanden und auch der neue § 13a SGB VIII hat diesbezüglich bislang keine Verbesserung gebracht.

2.8 Grundsätze und Handlungsprinzipien

Schulsozialarbeiter:innen als sozialpädagogische Fachkräfte der Kinder- und Jugendhilfe orientieren sich in ihrer täglichen Arbeit – implizit oder explizit – an allgemeinen, aus dem SGB VIII abgeleiteten Grundsätzen und an Handlungsprinzipien, die eine präzisierte Ableitung aus den Strukturmaximen der Jugendhilfe[89] darstellen. Diese konnten sich aus den fachlichen Diskussionen der 1970er- und 1980er-Jahre kommend in den gesetzlichen Grundlagen, zunächst KJHG, dann SGB VIII, manifestieren.

Diese sind

- eine präventive Ausrichtung,
- eine sozialpädagogische Dienstleistungsorientierung,
- Vielfalt an Inhalten, Methoden und Arbeitsformen,
- die Freiwilligkeit der Adressat:innen bei der Inanspruchnahme von Leistungen,
- ein Wunsch- und Wahlrecht der Leistungsberechtigten,
- die Beteiligung der Kinder und Jugendlichen an allen sie betreffenden Entscheidungen (Partizipation),
- der Schutz der Privatgeheimnisse und Sozialdaten,
- der Vorrang des Elternrechts,
- der Schutzauftrag der Jugendhilfe und des Staates bei Kindeswohlgefährdung sowie
- der Anspruch eines offensiven Handelns (Einmischungsauftrag)[90].

Die gesellschaftlichen und sozialen Herausforderungen verändern sich (z.B. durch die Digitalisierung, den Klimawandel, Migrationsbewegungen, die COVID-19-Pandemie oder neue gesetzliche Anforderungen) und im Fachdiskurs wird danach gefragt, welche Auswirkungen dies auf die Kinder

89 Vgl. Bundesministerium für Jugend 1990, S. 85 ff; s. auch Kooperationsverbund Schulsozialarbeit 2019.

90 Vgl. Speck 2009, S. 74 ff. Diese Grundsätze wurden im Rahmen der „lebensweltorientierten Sozialarbeit" erstmalig systematisch von Hans Thiersch formuliert, theoretisch begründet und in seinem langjährigen Engagement für die Kinder- und Jugendhilfe auch weiterentwickelt (vgl. u.a. Thiersch 2015, Grunwald/Thiersch 2016).

und Jugendlichen hat, wie man die soziale Gerechtigkeit und die Bildungsgerechtigkeit verbessern oder die Grundsätze erfolgreicher umsetzen kann, aber die Grundprinzipien haben eine hohe Beständigkeit und repräsentieren einen weitgehenden Konsens in der Fachwelt. Insofern können sie als Leitlinien für den Fachdiskurs und für die Arbeit in der Praxis verstanden werden.[91]

2.9 Rahmenbedingungen

Die Wirkungen von Schulsozialarbeit hängen entscheidend von den konkreten Rahmenbedingungen am jeweiligen Standort ab. Wie bereits geschildert, stellt sich die Situation in Deutschland hier recht unterschiedlich dar. Dennoch nennen Wissenschaft[92], Fachorganisationen der Praxis[93], Fachpolitik[94] und Behörden[95] zahlreiche Faktoren, die das Wirkungspotenzial von Schulsozialarbeit möglichst optimal zur Geltung bringen und diese gelingen lassen.

Die Rahmenbedingungen lassen sich in folgenden Kriterien beschreiben:

- Personelle Ausstattung,
- finanzielle Ausstattung,
- räumliche und materiell-technische Ausstattung,
- Zusammenarbeit des Trägers mit den anderen beteiligten Institutionen,
- Zusammenarbeit der Fach- und Lehrkräfte.

Die Grundlage einer jeden Schulsozialarbeit sollte ein schriftliches Konzept sein, das durch eine schriftliche Kooperationsvereinbarung zwischen der Schule und dem Träger der Schulsozialarbeit bestätigt und gestützt wird. Das Konzept sollte konkrete und auf die lokale Situation bezogene Aussagen machen, d. h. auch, dass konkrete Ziele vereinbart werden sollten.

Fast entscheidender als das Produkt ‚Konzept' ist jedoch der Prozess der Konzeptentwicklung. Dieser könnte bei der neuen Installation von Schulsozialarbeit an einer Schule folgendermaßen gestaltet sein:

---

91 Vgl. Kooperationsverbund Schulsozialarbeit 2015.

92 Z. B. Bolay et al. 2004, Drilling 2009, Rademacker 2009, Speck/Olk 2010, Spies/Pötter 2011.

93 Z. B. Landesarbeitsgemeinschaft (LAG) Schulsozialarbeit Niedersachsen 2009, LAG Schulsozialarbeit Sachsen 2010, Netzwerk Schulsozialarbeit Baden-Württemberg 2012.

94 Z. B. Bundesarbeitsgemeinschaft Jugendsozialarbeit 2005, Kooperationsverbund Schulsozialarbeit 2015.

95 Z. B. Sächsisches Landesamt für Familie und Soziales – Landesjugendamt 2003, Kommunalverband für Jugend und Soziales Baden-Württemberg 2010.

1. Meistens werden die finanziellen Mittel durch die Kommunen zur Verfügung gestellt und kommunale Gremien (z. B. Gemeinderat oder Kreistag) beschließen die Installation eines entsprechenden Angebots. Somit sind es auch sie, die einen möglichst konkreten Auftrag zur Erarbeitung eines Konzepts formulieren.
2. Der Träger von Schulsozialarbeit (Führungskraft und Mitarbeiter:innen gemeinsam) formuliert einen ersten Entwurf für ein Konzept zur Schulsozialarbeit.[96] Darin sollten aber bereits durch Vorgespräche, z. B. mit der Schulleitung, festgestellte Bedarfe der Schule berücksichtigt werden. Das Konzept sollte aus mehreren Teilen bestehen und neben einem Rahmenkonzept, das ggf. für mehrere Standorte von Schulsozialarbeit bei einem Träger gilt und allgemeine fachliche Aussagen zu Zielsetzung, Auftrag, Zuständigkeit, rechtlichen Grundlagen, Angeboten und Leistungen, Zielgruppen, Grundsätzen und Handlungsprinzipien, Qualitätsentwicklung und Rahmenbedingungen macht, auch die auf die einzelnen Standorte heruntergebrochenen Standortkonzepte mit Aussagen zu den konkreten Angeboten und Leistungen enthält.
3. Dieser erste Entwurf wird möglichst allen am Schulleben beteiligten Gruppen erläutert, bei mehreren Standorten durchaus im Rahmen einer gemeinsamen Konzeptionsveranstaltung.[97]
4. In einem nächsten Schritt empfiehlt sich eine gemeinsam von Schule und Träger der Schulsozialarbeit bzw. von Schul- und Jugendhilfeträger durchgeführte Situations- und Sozialraumanalyse zur Grundlage einer ebenfalls gemeinsamen Bedarfserhebung zu machen.[98]
5. Auf Grundlage der Bedarfserhebung werden dann von den Kooperationspartner:innen gemeinsame Ziele definiert, die zusammen mit Verfahrensabläufen für Schlüsselprozesse und Konflikte in einer schriftlichen Kooperationsvereinbarung verbindlich festgehalten und veröffentlicht werden.

---

96 Ein aktuelles Beispiel, welches auch als Grundlage für Prozessbegleitungen durch das Netzwerk Schulsozialarbeit Baden-Württemberg dient und mittlerweile auch von anderen Trägern zitiert wurde, ist das Konzept 2012 der Schulsozialarbeit Ehningen (Schulsozialarbeit Ehningen 2012a).

97 Gute Erfahrungen hat Lachat selbst als Prozessbegleiter bei mehreren Kommunen u. a. mit den Methoden Open Space, Zukunftswerkstatt und Workshops gemacht.

98 Idealtypisch würde man diesen vierten Schritt als ersten Schritt machen. Die Finanzierungslogiken in der Praxis erlauben dies aber meist nicht. D. h., dass die Schulsozialarbeit bzw. der Träger von Schulsozialarbeit entsprechend des Auftrags des oder der Geldgeber zunächst eine (vorläufige) Konzeption erstellen muss und dann die (vermeintlichen oder vermuteten) Bedarfe durch die Bedarfserhebung nochmals konkretisiert, spezifiziert oder ggf. auch revidiert.

6. Gleichzeitig wird das Konzept der Schulsozialarbeit auf die ermittelten Bedarfe und vereinbarten Ziele hin konkretisiert und vom Träger der Schulsozialarbeit veröffentlicht. Idealerweise basiert nicht nur die Schulsozialarbeit auf einem spezifischen sozialpädagogischen Konzept, sondern auch die Schule auf einem eigenen, spezifischen Schulkonzept.

Als ein Schlüsselprozess sollte die Evaluation und Fortschreibung von Kooperationsvereinbarung und Konzept definiert sein, sodass die vorhandenen Grundlagen der Arbeit regelmäßig an Veränderungen angepasst werden können.

2.10 Der Umgang mit und die Folgen der COVID-19-Pandemie

Bereits früh wurde von unterschiedlichen Expert:innen darauf aufmerksam gemacht, dass die COVID-19-Pandemie und die Maßnahmen gegen ihre Ausbreitung Probleme des Gesundheits-, Sozial- und Bildungssystems „wie unter einem Brennglas“[99] sichtbarer machten und diese zum Teil gleichzeitig verschärfen. Was anfänglich nur befürchtet und prognostiziert wurde, wurde bald schon in ersten Studien belegt. Inzwischen gibt es erste Zusammenfassungen und Überblicke über die bisherigen Ergebnisse solcher Studien[100], die die prognostizierten Entwicklungen in vielen Punkten bestätigen. Kurz gesagt: Menschen, die bereits vor der Pandemie arm, krank, isoliert und/oder in einer anderen Form sozial benachteiligt waren, wurden von der Pandemie und den Maßnahmen zu ihrer Eindämmung besonders hart getroffen. Darüber hinaus muss festgestellt werden, dass Kinder und Jugendliche in Deutschland aufgrund von Schulschließungen und des eingeschränkten, überwiegend digitalen Unterrichts sowie der Einschränkungen im Betreuungs- und Freizeitbereich besonders stark von den Maßnahmen betroffen waren.

Auf den folgenden Seiten können nicht alle Aspekte im Umgang mit der Pandemie betrachtet und nicht alle Folgen umfassend beschrieben werden. Dafür ist die Thematik zu vielschichtig und viele Aspekte können noch nicht abschließend bewertet werden, da die wissenschaftliche und politische

99 Eine Formulierung, die so oder so ähnlich von unterschiedlichen Autor:innen gewählt wurde, z. B. Hettler 2020, Meyer/Alsago 2021, S. 210, Schell-Kiehl et al. 2022, S. 129 mit Bezug auf Hildebrandt 2021.

100 S. insb. die AWO-ISS-Langzeitstudie „(Über)Leben mit 28“ (Heinrich und Volf 2022, S. 25 ff.) und den Bericht der Interministeriellen Arbeitsgruppe (IMA) „Gesundheitliche Auswirkungen auf Kinder und Jugendliche durch Corona“ – Abschlussbericht (IMA 2023).

Aufarbeitung dieser Jahre andauert und unsere Gesellschaft noch längere Zeit beschäftigen wird. Daher sollen im Folgenden zwei Aspekte in den Fokus gerückt werden: Zum einen werden die Erkenntnisse über die Situation der Fachkräfte der Schulsozialarbeit während dieser Zeit kurz zusammengefasst. Zum anderen soll auf die Auswirkungen der Pandemie auf die Adressat:innen eingegangen werden, sofern sie bereits abschätzbar sind, da diese mittelbar und unmittelbar die Herausforderungen im Handlungsfeld verändern. Insbesondere zu den Auswirkungen auf Kinder und Jugendliche liegen inzwischen zahlreiche Publikationen vor.

2.10.1 Schulsozialarbeit in einer Ausnahmesituation

Die sozialpädagogischen Fachkräfte in der Schulsozialarbeit befanden sich, wie viele andere auch, in einer mehrfach herausfordernden Situation, denn zum einen waren sie selbst mit den Ängsten, gesundheitlichen Risiken und familiären Zumutungen, zum Teil inklusive Homeschooling, konfrontiert, zum anderen zeitgleich mit neuen Herausforderungen und Anforderungen in ihrer Tätigkeit, die direkt auf die Pandemie und auf die zu ihrer Eindämmung ergriffenen Maßnahmen zurückzuführen waren. Diese Herausforderungen bezogen sich nicht allein auf die Umsetzung von Hygienemaßnahmen oder den Ausfall von Kolleg:innen, die zu einer Risikogruppe gehörten oder erkrankten, sondern das Schulsystem insgesamt und die einzelnen Schulen vor Ort waren ebenso in einem Ausnahmezustand wie die Adressat:innen der Schulsozialarbeit.

Zunächst mussten die Fachkräfte einen Kontakt zu den Kindern und Jugendlichen (wieder) herstellen und für Wege und Möglichkeiten sorgen, diesen Kontakt über die Zeit zu halten, die immer wieder von neuen Unsicherheiten geprägt war.[101] Zeitgleich war es notwendig, Angebote und Projekte zu konzipieren, die digital oder unter Berücksichtigung (sich ständig verändernder) Hygieneanforderungen umsetzbar waren bzw. vorhandene Angebote und Projekte entsprechend anzupassen. Dabei war zu berücksichtigen, dass viele der Adressat:innen aus unterschiedlichen Gründen nicht oder nur schlecht über digitale Medien erreicht werden konnten,[102] sodass immer über Alternativen nachgedacht und zum Teil parallel mehrere Zugangswege offengehalten werden mussten. Die Bedarfe an Beratung und Unterstützung bei Kindern und Jugendlichen sowie ihren Eltern stiegen aufgrund der Situation und auch die Schulleitungen und die Lehrkräfte forderten Unterstützung in ganz unterschiedlicher Form ein. Diese Herausforderungen

101 Vgl. hier und im Folgenden die Ausführungen bei Eckert 2020, Opalka 2021, Berndt et al. 2020, 2021 und 2023.
102 Berndt et al. 2021, S. 7 u. a.

mussten die Fachkräfte der Schulsozialarbeit meist unter sehr schwierigen Rahmenbedingungen meistern, denn häufig fehlte es an den notwendigen Hilfsmitteln (die digitale Ausstattung war bei den wenigsten vorhanden), an Regelungen (z. B. zum Datenschutz, Verwendung bestimmter Apps), an ausreichendem Personal, an ausreichenden Schutzmitteln, an Räumen, an verlässlicher Kommunikation mit der Schulleitung und den Lehrkräften.

Viele Schulsozialarbeiter:innen unterstützten in der krisenhaften Situation die Schulen darin, das schulische Angebot wieder herzustellen bzw. aufrechtzuerhalten, indem sie bei der Umsetzung von hygienischen Maßnahmen halfen, ihre Kanäle zur Informationsweitergabe an Kinder, Jugendliche und Eltern nutzten, Testungen mitorganisierten, bei Pausenaufsichten aushalfen und Hausaufgabenbetreuungen übernahmen.[103] Die Fachkräfte nutzten dies auch, um Kontakte (wieder-)herzustellen, sowohl zu den Kooperationspartner:innen als auch zu den Adressat:innen. Sie organisierten sich so um, dass sie auch von zu Hause aus arbeiten konnten, verwendeten hierfür oft private Computer und Handys,[104] installierten Apps auf eigenes Risiko. Viele Schulsozialarbeiter:innen vernetzten sich untereinander und suchten den beruflichen wie privaten Austausch, um innovative Angebote machen zu können – sowohl digital als auch persönlich unter Einhaltung der Hygienevorschriften. Sie verloren die Bedarfe der Kinder und Jugendlichen nicht aus dem Blick und meldeten diese an ihre Träger, die Lehrkräfte und Schulleitungen sowie an die politischen Verantwortlichen zurück; sie nahmen an Befragungen und wissenschaftlichen Erhebungen zur Situation teil, um auf die Lage der Kinder und Jugendlichen sowie auf ihre eigene Lage aufmerksam zu machen. Kurz gesagt: Sie wurden zu Krisenmanger:innen in einer Zeit, in der sie selbst beruflich und privat mit den Auswirkungen der Krise zu kämpfen hatten[105]. Manch eine:r arbeitete bis zur Erschöpfung: In einer internationalen Studie zu den Auswirkungen der COVID-19-Pandemie auf die Arbeit von Sozialarbeitenden stimmten knapp 23 % der deutschen Befragten der Aussage zu: „Ich habe nicht mehr die Kraft, unter diesen Bedingungen zu arbeiten."[106]

---

103 Vgl. hierzu insbesondere Berndt et al. 2021.

104 In einer Studie der TH Köln gaben 60 % der befragten Schulsozialarbeiter:innen an, dass sie mit den eigenen, privaten Geräten arbeiten mussten (vgl. Fettweis/Zorn 2022, S. 10).

105 Diese Beschreibung trifft sicherlich auch auf andere Sozialarbeitende zu sowie auf Ärzt:innen, Gesundheitspfleger:innen, Altenpfleger:innen u. v. m. Allerdings sind die (Schul-)Sozialarbeiter:innen nicht gleichermaßen in der Öffentlichkeit gesehen und gewürdigt worden wie andere Professionen. Daher gilt ihnen hier die ungeteilte Aufmerksamkeit.

106 „I no longer have the strength to continue working under the COVID-19-related working conditions", Schell-Kiehl et al. 2022, S. 143.

2.10.2 Folgen der Pandemie sowie der Maßnahmen zu ihrer Eingrenzung für Kinder und Jugendliche

Die AWO-ISS-Langzeitstudie „(Über-)Leben mit 28"[107] unterscheidet vier Bereiche, die das Leben von Kindern und Jugendlichen beeinflussen, um die Auswirkungen der Pandemie nachzuzeichnen:

- die kulturelle und soziale Teilhabe,
- die Gesundheit und das Wohlbefinden,
- die (Aus-)Bildung und die Erwerbstätigkeit sowie
- Politik und Gesellschaft.

Die folgenden Ausführungen folgen grob dieser Systematisierung.

Die kulturelle und soziale Teilhabe war vor allem durch Kontaktverbote bzw. -einschränkungen stark beeinträchtigt. Es fehlten während der Lockdowns und Schulschließungen die Kontakte zu den Peers und wichtige Ereignisse im Leben von Kindern und Jugendlichen wie Klassenfahrten, Abschlussfeiern, Auslandsaufenthalte oder Praktika mussten verschoben werden, zum Teil entfielen sie vollständig.[108] Die Familien waren insgesamt stark belastet, insbesondere durch Homeschooling und den Wegfall von Kinderbetreuung oder Freizeitangeboten für Kinder und Jugendliche. Dies schlug sich auf die Stimmung in den Familien nieder, die über vermehrten Stress, Einsamkeit und Niedergeschlagenheit berichteten. Besonders stark belastet waren die Alleinerziehenden.[109] Die Gewalt gegen Frauen und/oder Kinder in den Familien stieg unter bestimmten Belastungskonstellationen ebenfalls an.[110] In einer Untersuchung in Zusammenarbeit mit der Bundesarbeitsgemeinschaft Landesjugendämter (BAG LJÄ) präsentieren die Verantwortlichen die Ergebnisse einer Befragung von Mitarbeiter:innen aus über 300 Jugendämtern in Deutschland.[111] Diese sehen die stärksten Veränderungs- und Mehrbedarfe in den Bereichen der schulischen Teilhabe/Schulsozialarbeit, der Jugendsozialarbeit, der sozialen Integration und dem Bereich des Kinderschutzes: „Insgesamt sehen die Jugendämter einen (starken) Mehrbedarf in allen Leistungsbereichen der Kinder- und Jugendhilfe sowie in den aufgeführten Teilhabebereichen wie materielle Teilhabe und politische Bildung".[112]

107 Heinrich und Volf 2022.
108 Ebd. S. 29
109 Vgl. ebd. S. 30.
110 Vgl. ebd.
111 Müller/Dittmann/Büchel/Wolf 2021.
112 Ebd., S. 32.

Die IMA berichtet, dass die Belastungen, die durch Schulschließungen verursacht wurden, durch eine Studie des Bundesinstituts für Bevölkerungsforschung nachgewiesen wurden: „Die Ergebnisse zeigen, dass die Steigerung von Depressionssymptomen bei Kindern und Jugendlichen mit den coronabedingten Restriktionen und Schulschließungen unmittelbar im Zusammenhang steht. Kinder und Jugendliche wiesen während der Schulschließungen zu 75 % häufiger Depressionssymptome auf als vor der Pandemie."[113] Zu ähnlichen Ergebnissen kommt auch die häufig zitierte COPSY-Studie.[114] Die AWO-ISS-Studie unterstreicht, dass Kinder und Jugendliche, die bereits vor der Pandemie benachteiligt waren, besonders von den gesundheitlichen Auswirkungen betroffen waren und gleichzeitig die niedrigste Gesundheitskompetenz haben.[115]

Auch im Bereich der (Aus-)Bildung und Erwerbstätigkeit „besteht die Gefahr, dass gerade bereits benachteiligte und leistungsschwächere Schüler*innen in der Pandemie den Anschluss verlieren".[116] Die ständige wissenschaftliche Kommission der KMK (StäwiKo) unterstreicht in ihrer Stellungnahme „Pandemiebedingte Lernrückstände aufholen – Unterstützungsmaßnahmen fokussieren, verknüpfen und evaluieren" (2021), dass die Folgen der Schulschließungen und des Distanzunterrichts leistungsschwache Kinder und Jugendliche besonders treffen.[117]

Gesellschaftlich und politisch fühlten sich Kinder und Jugendliche mit ihren Bedürfnissen nicht gesehen und in ihren Sorgen nicht gehört. Richter-Kornweitz und Holz unterstreichen, dass Kinderrechte unter Pandemie-Bedingungen in der öffentlichen Wahrnehmung und im politischen Geschehen kaum eine Rolle gespielt haben: „Kinder und Jugendliche waren (und sind) quasi unsichtbar und zurückgeworfen auf den engsten Familienkreis. Sie tauchen erst langsam und ein knappes Jahr nach Pandemiebeginn als eigenständige Akteure und Betroffene im Gesellschaftsbild auf".[118] Darüber hinaus bedauern die Autorinnen, dass „in der Pandemie […] die Bedeutung

113 IMA 2023, S. 3.
114 COPSY steht für „Corona und Psyche" und betitelt eine Studie der Universität Hamburg-Eppendorf. Weitere Informationen finden sich unter: www.uke.de/kliniken-institute/kliniken/kinder-und-jugendpsychiatrie-psychotherapie-und-psychosomatik/forschung/arbeitsgruppen/child-public-health/forschung/copsy-studie.html (Abruf 19.09.2023).
115 Heinrich und Volf 2022, S. 31 und 32.
116 Ebd., S. 33.
117 StäwiKo 2021, S. 2 und 4 f.
118 Richter-Kornweitz und Holz 2022, S. 93.

von Bildung in Kindheit und Jugend nicht in voller Bandbreite diskutiert wird"[119] und verweisen damit auf die Engführung der Diskussionen auf die schulischen Lernrückstände.

Insbesondere die Studie „Das Leben von jungen Menschen in der Corona-Pandemie"[120] zeigt, dass sich der Alltag von Kindern und Jugendlichen durch die Pandemie erheblich verändert hat, auch nach dem Ende von Schulschließungen. Diese Studie arbeitet besonders gut heraus, dass die Kinder und Jugendlichen, das Gefühl hatten, dass ihre Bedürfnisse wenig berücksichtigt wurden und sie auch nicht an Entscheidungen beteiligt wurden. Und die Autor:innen unterstreichen in ihrem Fazit ebenfalls, dass „junge Menschen in besonderer Härte" von diesen Veränderungen betroffen sind, „die auch vorher schon sozial benachteiligt waren und über weniger soziale Ressourcen verfügen".[121] Auch die Studie der TH Köln, die sich speziell mit der Frage der Inklusivität des digitalen Angebots der Schulen während der COVID-19-Pandemie beschäftigt hat, unterstreicht, dass es ein hohes Risiko der sozialen Exklusion durch digitalen Unterricht gibt und dass das Risiko für Schüler:innen mit geringeren sozialen und ökonomischen Ressourcen steigt.[122] Andresen et al. mahnen an, dass als eine Konsequenz aus der Pandemie die Infrastrukturen für junge Menschen in den Blick geraten müssen:[123] „Die Beteiligung junger Menschen […] ist nicht krisenfest im institutionellen Gefüge von Kommunen, über die Länder bis zum Bund in Deutschland verankert und auch in den Einrichtungen des Bildungswesens erscheint hier ein großer Nachholbedarf."[124]

Die IMA sieht die Schule als einen zentralen Ort für Angebote zur Stärkung der Gesundheit von Kindern und Jugendlichen: „Ansatzpunkte sind neben der Stärkung der Resilienz und mentalen Gesundheit von Schülerinnen und Schülern auch die Förderung von Sport und Bewegung an und im Umfeld von Schulen".[125] Positiv hebt die IMA die Programme „Aufholen nach Corona für Kinder und Jugendliche" sowie „Mental Health Coaches" hervor.[126] Gleichzeitig unterstreichen die Autor:innen, dass es im Handlungsfeld Fachkräfte braucht und diese bei zeitlich befristeten Projekten in andere Tätigkeiten abwandern.[127] Noch deutlicher wird die IMA in ihren Empfehlungen: „Eine

119 Ebd., S. 94.
120 Andresen et al. 2021.
121 Ebd., S. 41.
122 Fettweis/Zorn 2022, S. 26.
123 Andresen et al. 2021, S. 42.
124 Ebd.
125 IMA 2023, S. 28.
126 Ebd., S. 28.
127 Ebd., S. 41.

Verstetigung sinnvoller Maßnahmen und ihre flächendeckende Umsetzung durch die zuständigen Stellen werden vor diesem Hintergrund von den Expertinnen und Experten in der IMA unisono dringend empfohlen."[128]

2.10.3 Schule muss auf die Herausforderungen der Zukunft vorbereiten

Nachdem der Gesundheitsminister Karl Lauterbach die Pandemie im Frühjahr 2023 für beendet erklärt hat, kann man wohl davon sprechen, dass die Bewältigungsphase[129] der Pandemie abgeschlossen ist, aber damit ist die Arbeit nicht getan. Auch wenn bereits neue Herausforderungen und Zumutungen die politische Agenda bestimmen, ist es wichtig, aus den gemachten Fehlern zu lernen und darüber nachzudenken, ob die Bildung, die wir Kindern und Jugendlichen in unserer Gesellschaft anbieten, noch zeitgemäß ist. Für Kinder und Jugendliche ist es wichtig, dass man sie darin unterstützt, die Erfahrungen zu verarbeiten und sie nicht als Corona-Generation abzustempeln. Menschen können aus Krisen gestärkt hervorgehen, wenn man ihnen die Möglichkeit gibt, ihre Erfahrungen konstruktiv zu bearbeiten und die Selbstwirksamkeit erhöht, indem man ihnen die Möglichkeit gibt, wieder ins Handeln zu kommen.

Schule wird in Zukunft ein wichtiger Ort sein, um die Folgen der COVID-19-Pandemie aufzuarbeiten (Nachbereitung). Defizite und strukturelle Probleme an Schulen sind gleichzeitig noch sichtbarer geworden; das Gleiche gilt für die Probleme in der Umsetzung von einer qualitativ hochwertigen Schulsozialarbeit im Kontext eines häufig unzeitgemäßen Schulbetriebs. Multiprofessionelle Teams an Schulen sind notwendig, um die anstehenden Herausforderungen anzugehen (Prävention). Schulsozialarbeitende sollten hierbei wichtiger Bestandteil dieser Teams sein und die jugendhilfebezogene Perspektive einbringen. Das Ziel muss eine nachhaltige Entwicklung des Schulsystems sein, damit die schulische Bildung eine nachhaltigere Bildung werden kann (Vorbereitung auf zukünftige Herausforderungen). Dies wünschen sich auch die Schulsozialarbeiter:innen der Befragung in Sachsen. Nach ihrer Vorstellung einer „Schule der Zukunft" gefragt, wollen sie vor allem

- eine veränderte Kultur des Lernens, Lehrens und des Verständnisses von Leistung,

---

128 Ebd., S. 16.
129 Bezug „Krisenmanagement ist ein Zyklus" BBK www.bbk.bund.de/DE/Themen/Krisenmanagement/KMZirkel/KMZirkel.html

- Multiprofessionalität und Schulsozialarbeit,
- Zusammenarbeit mit Eltern, Schulsystem und Qualitätsentwicklung[130].

Die Autor:innen der Studie fassen diese Hinweise wie folgt zusammen: „Fachkräfte reflektieren, dass eine „Schule der Zukunft" lebensweltorientierte, subjektorientierte und individualisierte Angebote vorhalte. Sie biete allen Kindern und Jugendlichen den Raum und die Zeit, sich partizipativ mit sozial und gesellschaftlich relevanten Fragen zu befassen und berücksichtige ihre lebensweltlichen Interessen bzw. Bedürfnisse."[131] Damit schließen die Überlegungen der befragten Schulsozialarbeiter:innen nahtlos an Konzepte einer Bildung für nachhaltige Entwicklung an,[132] in der es darum geht, „Menschen dabei zu unterstützen, auf der Grundlage fundierten Wissens über komplexe Zukunftsfragen kreativ und verantwortungsvoll zur Gestaltung von Gegenwart und Zukunft im Sinne einer nachhaltigen Entwicklung beizutragen"[133].

In eine ähnliche Richtung gehen die Überlegungen von Lothar Böhnisch. In seinem Buch „Soziale Theorie der Schule"[134] analysiert er aus einer konflikttheoretischen Sicht die Notwendigkeit einer bewältigungssensiblen Schule, die er durch eine Öffnung der Schule herbeiführen möchte. Dabei knüpft er auch an den Diskurs über eine demokratische Schule an und möchte die Schüler:innen zu Bürger:innen in der Schule machen, die an Aushandlungsprozessen teilnehmen und die gemeinsam mit den Lehrer:innen dazu beitragen, dass Konflikte an der Schule ausgetragen werden können, damit diese ihre sozial integrative Kraft entfalten können. Für Böhnisch ist klar, nur ein Umbau der Schule zu einer sozialintegrativen, bewältigungssensiblen und demokratischen Schule wird dieser Aufgabe wirklich gerecht werden können. Interessanterweise klammert Böhnisch die Schulsozialarbeit aus seiner kritischen Beschäftigung mit dem Bildungssystem als „Sonderzone" der Schule aus.[135] Aus seiner Sicht grenzt die Schule bestimmte Kinder aus, indem diese „der Jugendhilfe überwiesen werden […], wenn ihnen die leistungsorientierte Schule auf Dauer keine Möglichkeiten der Anerkennung und Selbstwirksamkeit anbieten kann".[136]. Schulsozialarbeit biete demnach bislang die Unterstützung für die Kinder und Jugendlichen bei

130 Berndt et al. 2023, S. 47 ff.
131 Ebd.
132 Vgl. u. a. Delors et al. 1997, Barth 2021.
133 Barth 2021, S. 35.
134 Böhnisch 2019.
135 Ebd., S. 106.
136 Ebd., S. 83.

der Bewältigung ihrer Lebensanforderungen, die Schule selbst bislang nicht leiste, und ermögliche es dadurch den Akteur:innen des Bildungssystems, die notwendige Öffnung und Veränderung von Schule aufzuschieben.

Diese Kritik an der Schulsozialarbeit ist nicht neu und sie ist dort berechtigt, wo sich diese nicht aktiv in den Diskurs um Bildung und die Zukunft der Schule einbringt. Gleichzeitig ist dies nur ernsthaft möglich, wenn die Schulsozialarbeit endlich zu einer Regelleistung wird und sich nicht mehr von einer Projektfinanzierung zur nächsten oder von Programm zu Programm hangeln muss. Es gibt Kommunen und Bundesländer, in der eine Verstetigung der Schulsozialarbeit inzwischen erfolgt ist. Das ist ein guter Anfang.

3

Schulsozialarbeit – praktische Fallbeschreibungen und Erläuterungen relevanter Methoden und Handlungskonzepte

Im Folgenden wird anhand von exemplarischen Fallbeschreibungen aus den vier Aufgabefeldern von Schulsozialarbeit[137] verdeutlicht, mit welchen Herausforderungen Sozialarbeiter:innen/Sozialpädagog:innen in diesem Arbeitsfeld regelmäßig konfrontiert sind und vor allem, welcher Methoden und Handlungskonzepte sie sich bei deren Bearbeitung bedienen (können).

Sie sind der Praxis von Schulsozialarbeiter:innen an verschiedenen Schulen entnommen und beschreiben realistische Problemkonstellationen. Die Namen der handelnden Personen wurden geändert, die der Organisationen in der Regel beibehalten.

Selbstverständlich wird nicht der Anspruch erhoben, dass das geschilderte fachliche Handeln alternativlos und auf ähnliche Situationen ohne Weiteres übertragbar ist. Im Gegenteil: Jedes Handeln von Schulsozialarbeiter:innen ist abhängig von den konkreten Rahmenbedingungen vor Ort und der jeweils individuellen Situation der Adressat:innen. Auch kann in diesem Rahmen nicht das vollständige Methodenrepertoire von Schulsozialarbeit aufgezeigt werden. Dafür ist „der Werkzeugkasten" viel zu umfangreich. Ausgewählt wurden einige wichtige und an vielen Standorten eingesetzte Konzepte und Methoden.

137 Vgl. hierzu Kap. 2.6.

Da sich die Schulsozialarbeit als Handlungsfeld Sozialer Arbeit innerhalb Deutschlands derzeit noch sehr heterogen darstellt, erheben wir auch nicht den Anspruch, dass alle Aussagen bundesweit Gültigkeit haben. In diesem Sinne gilt: Alles hier Beschriebene ist Schulsozialarbeit, aber nicht alle Schulsozialarbeit ist hier beschrieben.

Die Fallbeschreibungen sind eingerahmt. Sie werden unterbrochen und ergänzt durch vertiefende Ausführungen zu den Handlungskonzepten und Methoden, auf Grundlage derer der Schulsozialarbeiter oder die Schulsozialarbeiterin in den jeweiligen Situationen handelt, sowie zu Kompetenzen, über die professionelle Schulsozialarbeiter:innen folglich verfügen sollten. An verschiedenen Stellen wird aufgezeigt, wie sich die Analyse der Problemsituationen und die Interventionen der Schulsozialarbeiter:innen auch auf theoretische Konzepte oder Ansätze zurückbeziehen und begründen lassen.

3.1 Einzelhilfe und Beratung in individuellen Problemsituationen

Die Einzelhilfe und Beratung in individuellen Problemsituationen ist der Arbeitsbereich, den die meisten fachlichen Laiinnen und Laien als Erstes vor Augen haben, wenn sie an Schulsozialarbeit denken. Und in der Tat handelt es sich hier um die Aufgaben, die an der Schule zunächst einmal ausschließlich von sozialpädagogischen Fachkräften wahrgenommen werden können.[138] „Sowohl Fachkräfte als auch Schulleitungen bewerten die ‚Beratung von und Gespräche mit SchülerInnen' als wichtigstes Angebotselement."[139]

In diesem Kernaufgabenfeld der Schulsozialarbeit steht die Arbeit mit Einzelnen oder kleineren Personengruppen im Mittelpunkt. Die Angebote richten sich dabei an die Kinder und Jugendlichen an der Schule sowie teilweise an deren Eltern und andere Bezugspersonen aus Familie oder Freundeskreis, im Rahmen der kollegialen Beratung an Lehrkräfte und Schulleitung sowie an andere Fachkräfte der Sozialarbeit oder der Gesundheitshilfe.

138 Während bei den anderen Aufgabenfeldern manche Aufgaben durchaus auch durch entsprechend qualifizierte Schulpädagog:innen punktuell wahrgenommen werden können, beispielsweise die Einführung und Begleitung des Klassenrats, die Initiierung und Organisation eines Elterncafés, ein Fortbildungsangebot zu konstruktiver Konfliktregelung oder ein für Schüler:innen freiwilliges Sportangebot.

139 Bolay et al. 2004, S. 80.

Im Regelfall werden Einzelhilfe und Beratung initiiert, indem die betreffenden Ratsuchenden von sich aus den Kontakt zur Schulsozialarbeit aufnehmen oder der Schulsozialarbeiter bzw. die Schulsozialarbeiterin aktiv wird, wenn er oder sie von einer Problemlage erfährt und Handlungsbedarf und -möglichkeiten sieht. Die Themen, die in den Settings zur Sprache kommen, sind sehr vielseitig. Grundsätzlich stehen Schulsozialarbeiter:innen als erste Ansprechpartner:innen für alle Fragen des Lebens zur Verfügung.

3.1.1 „Offenes Ohr" für Kinder und Jugendliche

Es ist Montag, 7.45 Uhr. Schulsozialarbeiterin Susanne Dörfinger betritt das Schulgebäude. Noch bevor sie die Tür ihres Büros im Eingangsbereich des Hauptgebäudes erreicht, kommen Sandra und Oksana aus Klasse 7 auf sie zu gestürmt und begrüßen sie fröhlich und mit einem verschmitzten: „Wir müssen dir was erzählen!" „Na, dann kommt mal rein ihr beiden." Kichernd erzählen die beiden Freundinnen Susanne von Mikes Geburtstagsparty am Samstag und davon, dass Rafael – ein Junge aus Klasse 8 – Oksana gefragt hat, ob sie mit ihm gehen wolle. Sie hat „Ja" gesagt. Freude, Glück und Stolz sind der Dreizehnjährigen anzumerken. Schließlich ist Rafael schon lange ihr großer Schwarm.

Die Schulsozialarbeiterin fragt nach, ist interessiert an dem Bericht. Sie ist empathisch. Als es zur ersten Stunde klingelt, verabschiedet sie sich von Sandra und ihrer Freundin und bietet ihnen an, dass sie jederzeit kommen könnten und berichten, wie es Oksana mit der Freundschaft geht. Da sie weiß, dass Freundschaften unter Jugendlichen in diesem Alter emotional sehr intensiv sein können und sich manchmal handfeste Probleme entwickeln, nimmt sie sich vor, in einigen Tagen sowohl auf die beiden Mädchen als auch bei passender Gelegenheit auf Rafael zuzugehen, um zu signalisieren, dass sie auch bei Schwierigkeiten gerne für sie da ist.

Für viele Kinder und Jugendlichen sind „ihre" Schulsozialarbeiter:innen wichtige Alltagsbegleiter:innen. Zu ihnen können sie jederzeit[140] Kontakt aufnehmen und mit ihnen ihre Erlebnisse teilen. Dabei geht es um so ziemlich alles, was junge Menschen beschäftigt: ein gewonnenes (oder hoch verlorenes) Fußballspiel am Wochenende, die neue Haarfarbe einer

140 Tatsächlich öffnen immer mehr Schulsozialarbeiter:innen auch Zugangswege, die den Jugendlichen eine Kontaktaufnahme zu jedem Zeitpunkt ermöglicht. Eine zentrale Rolle kommt hierbei den Kontaktmöglichkeiten über Social Media, WhatsApp und E-Mail zu, vgl. Kap. 3.2.4.

Freundin, die verpatzte Mathearbeit, den Kauf eines neuen Handys, den Tod des Hamsters, das TV-Finale des Eurovision Songcontests, die Alkoholvergiftung eines älteren Jugendlichen …

Als Erwachsene werden die Schulsozialarbeiter:innen dann weniger in ihrer Rolle als sozialpädagogische Spezialisten für spezifische Problemlagen angefragt denn als jemand, der einfach mitfühlend zuhört und dem die Kinder und Jugendlichen ihre eigenen Gedanken und Gefühle anvertrauen können. Schulsozialarbeiter:innen haben grundsätzlich ein „offenes Ohr" für alle Anliegen junger Menschen und nehmen sie ernst. „Sie sind sensibel für jugendkulturelle Praxis und vermitteln den Jugendlichen dadurch Anerkennung ihrer Lebensreife und -kompetenz. Sie wirken mitunter wie ‚Freundin' oder ‚Freund', sind aber professionell agierende Erwachsene."[141] Für eine erfolgreiche kommunikative Anschlussfähigkeit an solche Alltagsthemen sollten bestimmte Voraussetzungen bei den sozialpädagogischen Fachkräften erfüllt sein:

- Ein echtes Interesse an den Themen der Kinder und Jugendlichen,
- ein grundlegendes Wissen und Verständnis aktueller jugendkultureller und -spezifischer Themen,
- ein Sich-Zeit-Nehmen, um Gespräche mit den Jugendlichen zu führen, auch „zwischen Tür und Angel".

Schüler:innen werden sich auch nur dann in Krisensituationen o. Ä. an den/die Schulsozialarbeiter:in wenden, wenn sie zunächst Vertrauen zu den Fachkräften entwickeln konnten und in einem anderen Kontext Beziehung entstanden ist. Hierfür ist eine möglichst wertschätzende, empathische und dabei durch und durch authentische Grundhaltung der Erwachsenen genauso grundlegend wie Raum und Zeit, um Beziehung zwischen Kind/Jugendlichem und Erwachsenem zu entwickeln.

Es lohnt sich, auch für kurze „Zwischen-Tür-und-Angel-Gespräche" zu beliebigen Themen Zeit einzuplanen und zu investieren. Zum einen erfahren die sozialpädagogischen Fachkräfte so am besten, was bei den jungen Menschen gerade aktuelles Thema ist. Zum anderen ergeben sich vor allem aus solchen Kurzgesprächen immer wieder Anknüpfungspunkte für Gespräche, die dann im eigentlichen Beratungssetting fortgeführt werden.

141 Bolay et al. 2004, S. 299.

3.1.2 Krisenintervention

Auch in diesem Jahr hatten die Mädchen und Jungen der Schülermitverantwortung wieder eine Schuldisco für alle Schüler:innen der Hauptschule im Jugendhaus organisiert. Und wie in den vergangenen Jahren auch sind wieder fast alle Schüler:innen von der 5. bis zur 9. Klasse gekommen.
Neben den meisten Lehrer:innen sind auch die Jugendhausleiterin Katrin Beck und der Schulsozialarbeiter Bernd Larsson mit von der Partie. Musik und die vorbereiteten Partyspiele passen, die Stimmung ist richtig gut. Die meisten Jugendlichen tanzen ausgelassen mit den Erwachsenen im Partyraum des Jugendhauses. Monica nicht.
Die Dreizehnjährige war zusammen mit zwei Freundinnen zwar gleich zu Beginn um 17 Uhr gekommen, alle drei hatten sich aber bald schon wieder nach draußen zurückgezogen. Auch Monicas Bruder Giovanni (15), ebenfalls Schüler der Schule, ist mit seinen Freunden da.
Der Schulsozialarbeiter kennt Monica und ihren Bruder Giovanni sowie deren Eltern seit vielen Jahren. Mehrere Gespräche hatte Bernd Larsson, teilweise zusammen mit der Klassenlehrerin, in den vergangenen Jahren mit der aus Italien stammenden Familie geführt, um unterschiedliche Themen rund um die schulische und soziale Situation der Geschwister zu besprechen.
So gegen 20 Uhr kommt Luisa, Monicas Freundin, ganz aufgeregt zu Bernd Larsson gestürmt: „Du musst sofort mitkommen! Monica geht es schlecht. Sie muss kotzen." Der Schulsozialarbeiter informiert kurz seine Kollegin Katrin, dass er nach draußen geht und folgt Luisa in das Außengelände. Im hinteren Teil des Gartens krümmt sich Monica auf dem Boden, umringt von einer Gruppe Jugendlicher. „Sie hat eine ganze Flasche Wodka runtergekippt und ist dann umgefallen", meint Patrick aus der 9. Klasse mit einem Grinsen im Gesicht. Der Sozialpädagoge beugt sich zu Monica hinunter: „Monica, was ist passiert?" Das Mädchen antwortet nicht. Ihre Augen sind verweint, das Gesicht ist geschwollen, sie schluchzt und hält sich den Bauch. Luisa und Sarah bitten Bernd, er solle die anderen Jugendlichen wegschicken. Er fragt Monica, ob sie aufstehen könne, und hilft ihr zusammen mit Sarah auf die Beine. „Wir bringen dich in Katrins Büro!" Er stützt Monica und langsam gehen sie zurück zum Jugendhaus. Im Eingangsbereich befindet sich das Büro der Jugendhausleiterin, welches Bernd Larsson öffnet und mit Monica und Sarah betritt. Luisa bittet er, sofort Katrin zu holen. Diese ist zwei Minuten später da. Monica liegt

völlig erschlafft auf dem Sofa im Büro. Katrin fühlt ihren Puls und spricht beruhigend mit ihr. Kurz darauf übergibt sich Monica in den bereit gestellten Eimer. Während sich Katrin weiter um Monica kümmert, bittet Bernd die beiden Freundinnen zu berichten, was geschehen ist. Nach anfänglichem Zögern erzählen Sarah und Luisa, dass Monica Streit mit ihrem17-jährigen Freund Mauro habe. Nach ungeschütztem Geschlechtsverkehr befürchtet Monica, dass sie nun schwanger sein könnte. Ihr Freund habe ihr gedroht, dass er sie in diesem Fall verlassen würde. Und irgendwann am Nachmittag hätte Monica dann damit begonnen, die Flasche Wodka zu leeren, die sie von ihrem Bruder zum Geburtstag geschenkt bekommen hatte. Seit einer Stunde sei sie nun kaum noch ansprechbar und habe sich mehrmals übergeben.

Die beschriebene Situation ist in vielerlei Hinsicht mustergültig für die Konstitution eines Falles: Aus einem Alltagssetting (Schuldisco) heraus entwickelt sich innerhalb kürzester Zeit eine Situation, die für ein Kind/eine Jugendliche (Monica) eine extreme Krise darstellt. Völlig unvermittelt wird die sozialpädagogische Fachkraft in eben dieser Rolle als Expert:in angefragt und von Dritten (Freundinnen Sarah und Luisa) mit der Problembearbeitung bzw. Krisenintervention beauftragt. Aufgrund der professionellen Grundsätze und Handlungsprinzipien[142] sowie durch entsprechende Rechtsnormen[143] verpflichtet, stellt sich die Frage der Auftragsannahme nicht. Schulsozialarbeiter:innen müssen und werden in einer derartigen Situation umgehend professionell handeln.

Wenn ihm/ihr die Beteiligten aus anderen Zusammenhängen, z. B. aus Klassentrainings oder Beratungsgesprächen, bereits bekannt sind und idealerweise ein beidseitiges Verständnis und Vertrauen besteht, fällt ihm dies wesentlich leichter. Auch wenn die konkrete Situation für den Schulsozialarbeiter neu ist, so kann er aufgrund seiner bisherigen Erfahrungen mit den Beteiligten zügig eine erste Bewertung der Situation vornehmen und entsprechende Interventionen im Sinne des Kindes oder des/der Jugendlichen einleiten.

Nach den Schilderungen der Freundinnen und einzelnen Rückfragen, ob er alles richtig verstanden hat, berät sich Bernd Larsson mit seiner Kollegin Katrin Beck über den Gesundheitszustand Monicas. Sie ziehen

142 Vgl. hierzu die Ausführungen in Kap. 2.8 dieses Buches.
143 Zu denken wäre hier beispielsweise an § 8a SGB VIII (Schutzauftrag bei Kindeswohlgefährdung) oder § 323c StGB (unterlassene Hilfeleistung).

in Erwägung, den Rettungsdienst zu alarmieren. Als Monica dies mitbekommt, schreit sie plötzlich laut, dass sie dies keinesfalls will, und wirft mit ihrer Jacke und Sofakissen um sich. Die beiden sozialpädagogischen Fachkräfte halten die Situation nicht für akut lebensbedrohlich und teilen Monica mit, dass sie zunächst nichts gegen ihren Willen tun würden und nicht den Notarzt rufen. Nun scheint es auch wieder möglich zu sein, mit Monica direkt zu sprechen. Bernd setzt sich auf einen Stuhl schräg vor Monica und beugt sich etwas zu ihr hin. Er sagt ihr, was er von Luisa und Sarah erfahren hat und dass er sich große Sorgen um sie mache.

Schulsozialarbeiter: „Ich möchte dir dabei helfen, die Probleme zu lösen, die sich da gerade für dich auftun. Und auch Katrin ist für dich da. Hast du eine Idee, was im Moment gut für dich sein könnte?"

Monica: „Egal, Hauptsache ich muss nicht nach Hause!"

Schulsozialarbeiter: „Weil du betrunken bist?"

Monica: „Ja ... und weil sie mir verboten haben, mich mit Mauro zu treffen."

Schulsozialarbeiter: „Mmh ... Was werden sie tun, wenn sie erfahren, dass ihr euch trefft?"

Monica: „Ich muss zu meiner Tante nach Italien."

Schulsozialarbeiter: „Und aus Sorge darüber hast du heute Nachmittag den Wodka getrunken?"

Monica: „Ja."

Schulsozialarbeiter: „Wie viel?"

Monica: „Vielleicht eine Flasche ...?!"

Schulsozialarbeiter: „Vielleicht?"

Monica: „Ich weiß es nicht mehr ... Ich weiß gar nichts mehr ..."

Sie beginnt wieder zu weinen. Ihre Freundinnen setzen sich rechts und links neben sie und nehmen sie in den Arm, streicheln ihr über den Kopf und reichen ihr ein Taschentuch.

Schulsozialarbeiter: „Sarah, was denkst du: Was würde Monica wohl helfen?"

Sarah: „Sie soll einfach weinen ... und spucken ... schnell wieder klar im Kopf werden."

Schulsozialarbeiter: „Was würde sie dann vermutlich unternehmen wollen?"

Sarah: „Von zu Hause ausziehen und in eine WG gehen. So wie ihre Cousine Francesca."

Schulsozialarbeiter: „Hat sie darüber schon mal gesprochen?"

Luisa: „Ja! Und letzte Woche hatte sie sogar schon ihre Tasche gepackt und wollte zu ihr gehen."

Schulsozialarbeiter: „Wie würden Monicas Eltern darauf reagieren?"

Monica schaltet sich ein: „Die sind doch froh, wenn ich endlich weg bin!"
Schulsozialarbeiter: „Habt ihr im Moment häufiger Streit?"
Monica: „Ja, voll übel! Die wollten mich auch rausschmeißen."
Schulsozialarbeiter: „Und was möchtest du?"
Monica: „Ich will nicht mehr bei denen sein! Das ist die Hölle zu Hause."

Um die Situation möglichst schnell und umfassend beurteilen zu können, stellt der Schulsozialarbeiter gezielt offene Fragen und ermuntert Monica so, ihre Sicht der Dinge zu schildern und ihre Gefühle zum Ausdruck zu bringen. Er hört aktiv zu und signalisiert verbal und nonverbal, dass er sie verstehen möchte. Durch seine ruhige und verbindliche Gesprächsführung schafft er eine Atmosphäre zunehmender Geborgenheit und Sicherheit. Auch wenn Monica durch die Wirkung des Alkohols nicht zu einem „normalen" Gespräch in der Lage ist, wird für den Schulsozialarbeiter und seine Kollegin deutlich, worum es für sie geht.

In der kurzen Gesprächssequenz, die hier wiedergegeben wird, erfährt der Sozialarbeiter vieles über die Lebenswelt[144] von Monica. Einiges weiß er schon aus seinen vorhergehenden Kontakten, aber nun werden einige Konflikte in Monicas Leben deutlich, über die er bisher nichts wusste. Entsprechend einem lebensweltorientierten Ansatz[145] wird er zunächst versuchen, die Situation durch die Augen von Monica und der anderen Beteiligten, z. B. die Familie, zu verstehen und sich mit Bewertungen zurückhalten. Er wird versuchen, die Situation möglichst ganzheitlich zu erfassen, d. h. er wird sich nicht auf die vordergründigen Probleme des Alkoholkonsums oder des ungeschützten Geschlechtsverkehrs konzentrieren, sondern zunächst einmal das Handeln von Monica und die zugrundeliegenden Probleme ins Verhältnis setzen. Darüber hinaus muss er bei seinen nächsten Schritten die Auswirkungen auf Monicas Situation unter Berücksichtigung der lebensweltlich geprägten Interpretation der unterschiedlichen Beteiligten im Blick haben. Gleichzeitig erfordert die Krisensituation von ihm ein aktives, konsequentes Handeln, durch welches der Schutz von Monicas Grundrechten gewährleistet wird auf der Basis der gültigen Gesetze.

Luisa kocht Monica in der Jugendhausküche einen Tee. Sie beruhigt sich weiter. Gemeinsam mit ihr überlegen Bernd Larsson und Katrin Beck, wie es nun weitergehen könnte. Monica sollte eigentlich um 21 Uhr zu Hause sein, nun ist es bereits 21:30 Uhr. Die beiden erklären ihr, dass sie

144 D. h. sowohl über die reale Lebenssituation sowie über die subjektive Sicht auf die eigene Lebenssituation.
145 Vgl. Thiersch/Grunwald/Köngeter 2012.

früher oder später in jedem Fall mit ihren Eltern wird sprechen müssen. Sie bieten ihr an, sie nach Hause zu begleiten und zusammen mit ihr mit den Eltern zu sprechen. Als Monica wiederholt energisch betont, nicht nach Hause zu wollen, zeigt ihr der Schulsozialarbeiter die Möglichkeit auf, sich selbst beim Notdienst des Jugendamts bzw. zunächst bei der Polizei zu melden, ihre Situation dort darzustellen und um eine Inobhutnahme zu bitten.
Da klingelt Monicas Handy. Ihr Vater ist am Telefon. Er ist sehr wütend und schreit ins Telefon, sie solle sofort heimkommen. Monica bricht sofort wieder in Tränen aus und lässt das Handy fallen. Sarah nimmt es und schaltet es aus. Kurz darauf fliegt die Tür auf und Giovanni kommt hereingestürmt. Er reißt Monica vom Sofa hoch, packt sie am Arm und schreit sie auf Italienisch an, sie solle sofort mit ihm nach Hause kommen. Sie wehrt sich, schreit und schlägt auf ihren Bruder ein. Bernd steht schnell auf, trennt die beiden und sagt zu Giovanni, er solle den Raum sofort verlassen. Er schiebt ihn zur Tür hinaus und bedeutet ihm, sich zu beruhigen. Zunächst schreit Giovanni den Schulsozialarbeiter an, er solle sich nicht einmischen und er habe das Recht, seine Schwester nach Hause zu bringen. Bernd bleibt ruhig und entspannt bewusst seine Körperhaltung. Nun beruhigt sich auch Giovanni und Bernd bittet ihn, mit ihm vor dem Jugendhaus „unter vier Augen" sprechen zu können. Dieser willigt ein. Bernd fragt Giovanni, wie denn in den letzten Tagen die Stimmung bei ihnen zu Hause gewesen sei und wie er sich erklären würde, dass seine Schwester nicht mit ihren Eltern sprechen wolle. „Zwischen denen knallt es immer wieder, seit Moni mit Mauro zusammen ist. Da ist sie selbst schuld! Was lässt sie sich auch mit so einem Penner ein …" Schulsozialarbeiter: „Und was wird jetzt geschehen, wenn Monica heute nach Hause kommt?" „Alter! Mein Vater wird sie grün und blau schlagen, was sonst?"

Diese Aussage bestätigt für den Schulsozialarbeiter letztlich, dass es hier um eine akut drohende Kindeswohlgefährdung geht und Monica in jedem Fall Unterstützung bei der Konfrontation mit ihren Eltern braucht.

Während die beiden zurück ins Jugendhaus gehen, hält an der Straße ein Auto und Monicas Vater sowie ein weiterer Mann steigen aus. Sie kommen eilig heran und Herr Salino fragt: „Wo ist meine Tochter?" Bernd Larsson antwortet, dass sie im Haus sei, es ihr aber nicht besonders gut gehe. Der Vater stürmt hinein, gefolgt von Schulsozialarbeiter Larsson sowie Giovanni und dem anderen Mann. Er öffnet die Tür zum Büro, sieht Monica, geht auf sie zu, nimmt sie an der Hand und zieht sie hinter sich her Richtung Auto. Monica ist nun förmlich in sich zusammengesackt

und lässt sich widerstandslos wegführen. Bernd Larsson stellt sich den beiden auf der Treppe in den Weg und bittet Monicas Vater, in Ruhe mit ihm zu sprechen. Doch dieser schiebt ihn zur Seite und verschwindet mit seiner Tochter.
Monicas Freundinnen Sarah und Luisa, welche die Szene beobachtet haben, brechen in Tränen aus und flehen den Schulsozialarbeiter und die ebenfalls erschrocken wirkende Jugendhausleiterin an, sie müssten sofort etwas tun! Monica würde es nun richtig dreckig gehen …

Folgendes Vorgehen scheint für den Schulsozialarbeiter nun angebracht zu sein:

- Sofortiger Anruf beim Polizeirevier und Information der Beamt:innen über die Geschehnisse,
- Hinweis auf eine mögliche akute Gefährdung des Kindeswohls,
- Bitte um Informationsweitergabe an die Jugendschutzstelle bzw. den Bereitschaftsdienst der zuständigen Inobhutnahme-Einrichtung,
- kurze allgemeine Information der bei der Schuldisko Aufsicht führenden Lehrer:innen durch die Jugendhausleiterin,
- Besprechung der Situation und Stärkung der beiden Freundinnen Luisa und Sarah durch die Jugendhausleiterin,
- Aufsuchen von Monica bei sich zu Hause durch den Schulsozialarbeiter in Begleitung der Polizei.

Nach etwa zehn Minuten ruft der Bereitschaft habende Sozialpädagoge der Notaufnahme-Einrichtung des Landkreises an. Er sei von der Polizei in groben Zügen informiert worden und bittet um genauere Informationen und um die Einschätzung, ob eine Inobhutnahme voraussichtlich eingeleitet werden müsse. Bernd Larsson notiert sich die Handynummer des Kollegen und kündigt an, ihn baldmöglichst zurückzurufen, um weitere Absprachen zu treffen.
Wenig später hält wie vereinbart das Polizeiauto vor dem Jugendhaus, um Bernd Larsson abzuholen. Dieser ist erleichtert, als er feststellt, dass es der Leiter des örtlichen Polizeipostens und seine Kollegin sind, die gerade jetzt Dienst haben und persönlich kommen können. Beide kennen die Familie bereits. Auf der Fahrt zum Haus von Familie Salino informiert Bernd Larsson kurz die beiden Polizeibeamten. Diese fordern zur Sicherheit per Funk eine zweite Streife an. Es wird verabredet, dass der Schulsozialarbeiter den vier Polizist:innen in die Wohnung der Familie folgt, sich im Gespräch mit den Eltern aber zunächst zurückhält.

Um in derartigen Krisen schnell, sicher und ohne Reibungsverluste handeln zu können, ist es notwendig, dass die erforderliche Kommunikation mit anderen sozialpädagogischen Fachkräften (hier: mit der Jugendschutzstelle) oder gar Vertreter:innen anderer Berufsgruppen (hier: mit der Polizei) nicht erst dann beginnt. Zum Aufgabenbereich innerschulischer und außerschulischer Vernetzung und Gemeinwesenarbeit[146] gehört es, Kontakte zu möglichen Kooperationspartner:innen unabhängig vom jeweiligen Anlass zu knüpfen und kontinuierlich zu pflegen. Hierbei handelt es sich um sinnvoll investierte Zeit, die sich in akuten Situationen vielfach auszahlt.[147]

> Der Schulsozialarbeiter stellt seinerseits kurz dar, dass er Monica in den vergangenen Stunden sehr traurig erlebt hat und er den Eindruck hat, es gehe ihr derzeit nicht gut. Er sagt, er habe ihr und ihren Eltern Hilfe und Unterstützung angeboten. Er schlägt vor, dass sie sich zu einem gemein samen Gespräch Monica-Eltern-Schulsozialarbeiter in der kommenden Woche verabreden. Beide Elternteile willigen sofort ein und scheinen erleichtert und dankbar über dieses Angebot zu sein.

Gerade wenn die Schulsozialarbeit gemeinsam mit anderen Fachleuten, wie hier mit der Polizei, in Erscheinung tritt, kann es notwendig sein, explizit auf die eigene professionelle Rolle, Aufgaben und Handlungsweisen hinzuweisen. Im Unterschied zur Polizei ist beispielsweise nicht das Ausüben staatlicher Gewalt die Aufgabe, sondern die Hilfe und Unterstützung für die Kinder und Jugendlichen sowie ihrer Familien. Kommt dies in einer solchen Situation nicht deutlich zum Ausdruck, besteht die Gefahr, dass die Beteiligten die sozialpädagogische Fachkraft als Teil eines gegen sie gerichteten staatlichen Sanktionssystems wahrnehmen.[148]

> Die Polizistin, welche aufgrund ihrer eigenen italienischen Herkunft sowohl das Verhalten der Eltern als auch das der Tochter ganz gut einschätzen kann, bietet Monica an, gemeinsam mit dem Schulsozialarbeiter die Inobhutnahme einzuleiten, wenn sie tatsächlich nicht bei ihren Eltern bleiben möchte. Monica möchte von Bernd Larsson daraufhin nochmals

146 Vgl. hierzu Kap. 3.3.
147 Siehe hierzu beispielsweise Ministerium für Soziales, Gesundheit und Integration Baden-Württemberg 2021.
148 Ähnliches sollte auch immer wieder im Schulalltag beachtet werden, beispielsweise wenn die sozialpädagogische Fachkraft beratend an Sanktionsverfahren der Schule beteiligt ist.

genau wissen, wie das Verfahren ablaufen würde.[149] Er erklärt es ihr und bietet ihr an, dass sie gerne auch selbst per Handy mit dem Kollegen der Inobhutnahmestelle sprechen könne. Er teilt ihr mit, dass er auch mit ihren Eltern gesprochen habe, diese versichert hätten, ihr nichts zu tun und dass sie bereit wären zu einem gemeinsamen Gespräch mit und bei der Schulsozialarbeit. Jetzt beschließt Monica, zuhause zu bleiben.
Sie bedankt sich bei Bernd Larsson für seine Hilfe und fragt, ob sie sich am nächsten Tag bei ihm melden dürfe. „Aber selbstverständlich! Meine Handynummer hast du ja."

Im hier beschriebenen Fallbeispiel erfolgte der Einstieg in die von Bechtler[150] beschriebenen vier Schritte einer Krisenintervention in einem verhältnismäßig kurzen Zeitraum:

- Einschätzung des Kindes bzw. des/der Jugendlichen in seiner/ihrer akuten Krisensituation: Herausfinden des auslösenden Ereignisses nach Art, Umfang, Bedeutung und betroffenen Personen;
- Planung der sozialarbeiterischen Intervention: Einschätzung des Selbsthilfepotenzials des Kindes bzw. des/der Jugendlichen und vorhandener äußerer Ressourcen, sowie der einzubeziehenden weiteren Personen;
- Durchführung der Intervention: Emotionale Entlastung des Kindes bzw. des/der Jugendlichen, Hilfe zur Auseinandersetzung mit den eigenen Gefühlen und zur Entwicklung neuer Bewältigungsmöglichkeiten sowie ggf. die Vermittlung konkreter Hilfemaßnahmen;
- Lösung der Krise und vorausschauende Planung: Stabilisierung der erreichten Problemlösung, Verstärkung der neu gewonnenen Bewältigungsmöglichkeiten, Unterstützung bei weiterer Planung, ggf. Einleitung einer längerfristigen Hilfeform.

Die Regel ist eher, dass die Bearbeitung einer Krise eines Kindes bzw. eines/einer Jugendlichen im Kontext Schulsozialarbeit wesentlich mehr Zeit bedarf.

149 Inhalt und Voraussetzungen der Inobhutnahme als sozialpädagogische Krisenintervention durch das Jugendamt und vorläufige Maßnahme zum Schutz von Kindern und Jugendlichen sind in § 42 SGB VIII geregelt. § 42 Abs. 1 Satz 1 Nr. 1 SGB VIII verpflichtet das Jugendamt, „ein Kind oder einen Jugendlichen in seine Obhut zu nehmen, wenn das Kind oder der Jugendliche um Obhut bittet". Wenn sich ein junger Mensch als sog. „Selbstmelder" an das Jugendamt wendet „löst allein die Bitte des Kindes die Pflicht der Behörde zum Handeln aus. Eine Vorprüfung der Situation durch das Jugendamt bedarf es nicht; bereits eine Begründung der Bitte durch das Kind ist nicht erforderlich" (Verwaltungsgericht Weimar, Gerichtsbescheid vom 10.03.2005, S. 4).

150 Bechtler 1997.

Auch in unserem Beispiel folgten dieser ersten Intervention mehrere Gespräche mit Monica, ihren Eltern, Freunden und Lehrer:innen. Hierbei zeigt sich für den Schulsozialarbeiter, dass es ganz unterschiedliche Probleme sind, durch die sich Monica, aber auch ihre Eltern sehr belastet fühlen. Er vereinbart mit der Jugendlichen regelmäßige Gesprächstermine, um gemeinsam mit ihr an der Bewältigung der schwierigen Themen zu arbeiten. Nachdem Monica zu den beiden ersten Terminen pünktlich gekommen war, vergisst sie den nächsten und lässt sich auch eine Zeit lang nicht bei Bernd Larsson sehen. Er nimmt seinerseits Kontakt zu ihr auf, indem er sie auf dem Pausenhof anspricht. Sie signalisiert aber zunächst, dass sie gerade keinen Bedarf für sozialpädagogische Unterstützung sieht, was der Schulsozialarbeiter akzeptiert, obwohl er durchaus den Eindruck hat, dass es wichtig wäre, weiter zu arbeiten.
Als Monica ein halbes Jahr später wieder einen größeren Konflikt mit ihren Eltern hat und diese sie in den kommenden Ferien zu ihrer Tante nach Sizilien bringen möchten, wendet sich das Mädchen wieder an Bernd Larsson. Jetzt hat sie einen hohen Problemdruck und ist froh, kontinuierlich mit dem Schulsozialarbeiter sprechen zu können. Auch als die Jugendliche die Schule bereits verlassen hat, kommt sie immer wieder bei Bernd Larsson vorbei.

Aus der anfänglichen Krisenintervention wurde in diesem Fallbeispiel eine längere sozialpädagogische Beratung mit Diagnose, Umstrukturierung der Situation, Konfrontation, Training und Berücksichtigung alltäglicher Kontexte.[151]

Weitere tatsächliche Beispiele aus der Schulsozialarbeit, in denen Kriseninterventionen als methodischer Ansatz angezeigt waren:

- Ein Grundschüler (9 Jahre) wird von seiner Lehrerin zur Schulsozialarbeiterin geschickt. Bereits im ersten Gespräch zwischen den beiden äußert der sehr traurig und niedergeschlagen wirkende Junge Suizidgedanken.
- Der Schulsozialarbeiter erfährt, dass die Mutter von zwei Kindern (elf und zwölf Jahre) wegen einer Psychose für längere Zeit in stationärer Behandlung sein wird. Die verlässliche Betreuung und Versorgung der Kinder scheint nicht gewährleistet zu sein.
- Eine Fünfzehnjährige klettert auf das Dach der Schule, um sich herunterzustürzen, nachdem zuvor Nacktfotos von ihr im Internet verbreitet wurden.

151 Vgl. Galuske 2011, S. 175 f.

- Ein Jugendlicher berichtet der Schulsozialarbeiterin, dass sich seine Eltern seinetwegen getrennt hätten.
- Die Schulsozialarbeiterin erfährt, dass ein Mädchen (14 Jahre) jedes Wochenende volltrunken ist und bereits mehrfach von der Polizei nach Hause gebracht wurde.
- Nach dem Suizid eines ehemaligen Schülers suchen dessen Freunde und ehemalige Klassenkameraden den Kontakt zum Schulsozialarbeiter ihrer Schule. Viele Kinder und Jugendliche der Schule sowie viele Erwachsene sind erschüttert.

3.1.3 Konstruktive Konfliktbearbeitung: Konfliktregelungsgespräch, Mediation und Mobbingintervention

Konflikte sind etwas Normales, sie gehören als selbstverständlicher Bestandteil zu unserem Leben. Nur versteckte Konflikte sind gefährlich. Wenn Fachkräfte der Schulsozialarbeit und selbstverständlich auch das weitere pädagogische Personal einer Schule diesen Satz als eigene Grundhaltung verinnerlicht haben und diese entsprechend gelebt wird, schwindet das Bedrohliche von Konflikten und sie können konstruktiv bearbeitet werden. Dann kann jeder Konflikt, und vor allem der Umgang damit, Lernen bedeuten und die Konfliktbeteiligten persönlich voranbringen.

Zugegeben: Das klingt einfacher als es in der Praxis tatsächlich ist. Aber es lohnt sich, sich intensiv darum zu bemühen, denn die konstruktive Konfliktbearbeitung führt in der Regel zu Lösungen, mit denen alle Beteiligten gut leben können. Sie gehört zum „täglich Brot" der Schulsozialarbeit.

Für die Praxis der Schulsozialarbeit haben sich in der konstruktiven Konfliktbearbeitung mehrere methodische Ansätze und Handlungskonzepte als tauglich erwiesen:

- das Konfliktregelungsgespräch,
- die Mediation,
- der Täter-Opfer-Ausgleich als besondere Form der Mediation,
- die Mobbingintervention, beispielsweise in Form des ‚no-blame-approach', der Klassenrat.

Die Klassenlehrerin der fünften Klasse, Doris Jaeckel, klopft in der großen Pause an die Türe von Schulsozialarbeiterin Mareike Locher. „Kann ich mal mit Ihnen sprechen? Es geht um meine Schülerin Kim. Sie hat irgendwas, es geht ihr nicht gut, aber genau weiß ich es auch nicht." „Selbstverständlich. Worum geht es denn?" „Seit einigen Tagen wirkt Kim so anders, so bedrückt. So kenne ich sie gar nicht. Ich habe sie gefragt, was los ist, aber sie sagt mir nichts. Vielleicht haben sie ja eine Idee …?" „Ich würde mir gerne die Zeit nehmen, mich in Ruhe mit Ihnen zu beraten. Was denken sie, wie viel Zeit benötigen wir?" „Ich denke, etwa eine halbe Stunde." „Gut, ginge es heute Nachmittag um 15 Uhr?" „Ja, ich komme dann zu Ihnen ins Büro."

Häufig werden Schulsozialarbeiter „zwischen Tür und Angel" von Lehrer:innen über Auffälligkeiten oder Vorkommnisse informiert. Um den Anliegen der betreffenden Lehrkraft und vor allem den Kindern und Jugendlichen, um die es geht, gerecht zu werden, ist es sinnvoll und notwendig, nicht sofort ins Thema einzusteigen, auch wenn es häufig eigene Impulse bei der sozialpädagogischen Fachkraft hierfür gibt. Für eine angemessene Diagnose und Auftragsklärung ist es jedoch wichtig, sowohl ausreichend Zeit als auch das passende Setting zu haben.

Am Nachmittag sitzen die Klassenlehrerin und die Schulsozialarbeiterin dann bei einer Tasse Kaffee in der Sitzecke im Büro der Schulsozialarbeit. Frau Jaeckel berichtet, dass sich das Verhalten ihrer Schülerin Kim Seibold (11 Jahre) seit rund zwei Wochen im Unterricht und – soweit sie das beobachten konnte – auch in den Pausen verändert habe. Eigentlich sei sie ein aufgewecktes, lustiges Mädchen, das sich gerne am Unterricht beteiligt und vor allem in der Mittagspause immer viel mit anderen Kindern spiele. Doch nun sitze sie häufig still da und reagiere nur, wenn sie direkt angesprochen werde. In den Pausen suche sie eher die Nähe von Lehrer:innen, ohne diese aber direkt anzusprechen. Das hätten auch andere Kolleg:innen schon beobachtet.
Gestern habe sie Kim nach der letzten Unterrichtsstunde gebeten, noch einen Moment mit ihr sprechen zu können. Frau Jaeckel habe ihr gesagt, dass sie sich Sorgen mache und gefragt, ob sie ihr irgendwie helfen könne. Daraufhin habe Kim angefangen zu weinen, wollte aber nichts sagen wollen. Die Lehrerin habe ihr dann noch gesagt, sie könne jederzeit zu ihr kommen – oder sich an die Schulsozialarbeiterin Mareike Locher wenden. Außer der Kontaktaufnahme zur Schulsozialarbeiterin mit dem Ziel, sich mit ihr kollegial zu beraten, hat Doris Jaeckel noch nichts unternommen.
Zunächst hört die Schulsozialarbeiterin aufmerksam zu und stellt nur kurze Verständnisfragen. Nach den Ausführungen Doris Jaeckels fragt Mareike Locher nun genauer nach, um für sich eine Einschätzung der Situation vornehmen zu können: Wie würde die Klassenlehrerin ihre Beziehung zu Kim grundsätzlich beschreiben? Wie haben sich die anderen Kinder in Kims Klasse in den vergangenen Tagen verhalten? Gab es hier Auffälligkeiten? Haben sich ihre Freundinnen in irgendeiner Weise

geäußert? In welcher Form haben die anderen Lehrer:innen ihre Beobachtungen mitgeteilt? Wann hatte die Klassenlehrerin zuletzt Kontakt zu Kims Eltern? Weiß sie etwas über die aktuelle Situation in der Familie? Wie haben sich Kims Schulleistungen in den letzten Wochen entwickelt? Gab es sichtbare körperliche Veränderungen (Gewichtsabnahme, blaue Flecken etc.)? Wie hat Kim auf das Angebot reagiert, zur Schulsozialarbeit Kontakt aufzunehmen?
Nachdem die Lehrerin auf diese Fragen geantwortet hat, entwickeln die beiden gemeinsam erste Hypothesen zu Kims Situation und visualisieren diese auch am Flipchart:
Kim könnte einen größeren Streit mit anderen Kindern haben, der sie sehr belastet.
Kim könnte zu Hause mit ihren Eltern oder Geschwistern einen Konflikt haben oder sich in einer anders belastenden Situation (z. B. Krankheit, Tod, Trennung der Eltern etc.) befinden.
Kim könnte eine sehr unangenehme oder gar traumatische Erfahrung (im schulischen Umfeld?) gemacht haben, die ihre Verhaltensänderung bedingt.
In jedem Fall scheint es Kim nicht möglich zu sein, sich im Moment der Klassenlehrerin anzuvertrauen, obwohl sie zu dieser bisher offenbar „einen guten Draht" hat. Möglicherweise hat sie Angst vor den Folgen.

Die Bildung von Hypothesen ist ein wichtiger Schritt in der sozialpädagogischen Diagnose und bei der Planung geeigneter sozialpädagogischer Interventionen.[152] Selbstverständlich sollte aber immer die Offenheit bei der sozialpädagogischen Fachkraft vorhanden sein, die formulierten Hypothesen infrage zu stellen oder bei neuen Erkenntnissen anzupassen. Auch besteht die Gefahr, dass „blinde Flecken" dafür sorgen, dass wichtige Aspekte außen vorbleiben.

Wertvoll ist es, wie in diesem Fall, wenn sich Sozial- und Schulpädagog:innen mit ihren unterschiedlichen fachlichen Hintergründen im Rahmen der kollegialen Beratung gemeinsam Gedanken über mögliche Ursachen und Gründe des gezeigten Verhaltens des Kindes oder Jugendlichen machen und auch gemeinsam beraten, wer als Nächstes welche Schritte unternimmt.

152 Vgl. Galuske 2011, S. 215 ff.

Die Schulsozialarbeiterin und die Klassenlehrerin verabreden nach einer rund halbstündigen Beratung Folgendes:
Die Klassenlehrerin wird gleich im Anschluss an das Gespräch bei Kims Eltern anrufen, ihre Wahrnehmungen und die bisherigen Schritte schildern und die Eltern um eine Einschätzung bitten. Sie wird die Eltern explizit auf das Unterstützungsangebot der Schulsozialarbeit aufmerksam machen. Außerdem wird Doris Jaeckel nochmals auf Kim zugehen, ihr mitteilen, dass sie sich um sie Sorgen macht, und ihr Gesprächsangebot erneuern.
Die Schulsozialarbeiterin wird Kim am nächsten Tag in der Mittagspause ansprechen und ihr anbieten, im Büro oder während eines kleinen Spaziergangs über das weitläufige Schulgelände mit ihr zu sprechen. Da die beiden sich aus dem Training sozialer Kompetenz in Klasse 5 und aus vielen weiteren kleinen Begegnungen kennen und Kim ihr gegenüber bisher immer sehr offen war, geht Mareike Locher davon aus, dass Kim zustimmen wird.
Beide verabreden, sich am nächsten Nachmittag nochmals gegenseitig zu informieren und weitere Absprachen zu treffen.

Ein zwischen Lehrer:innen und Schulsozialarbeiter:innen abgestimmtes Vorgehen ist in vielen Einzelhilfe-Situationen ein Schlüssel für den Erfolg sozialpädagogischen Handelns. Das bedeutet nicht, dass Lehrer:innen sozialpädagogisch handeln oder Schulsozialarbeiter:innen die Rolle der Lehrer:innen übernehmen sollen. Im Gegenteil ermöglichen erst die gemeinsame Einschätzung der Situation, die Einigkeit in den entwickelten Hypothesen und die Transparenz in der Zielsetzung, dass alle Beteiligten innerhalb ihrer Rolle und ihres professionellen Auftrags wirksam zur weiteren Klärung der Situation beitragen können.

Als die Schulsozialarbeiterin am nächsten Tag zu Beginn der Mittagspause vor der Mensa auf Kim wartet und diese dann auch kommt, fällt ihr auf, dass das Mädchen richtig zu erschrecken scheint, als sie den Siebtklässler Mariano Costa (13 Jahre) mit mehreren Jungen seiner Klasse an der Tischtennisplatte neben dem Mensaeingang stehen sieht. Auch Mariano scheint auf Kim gewartet zu haben und geht auf sie zu. Er redet auf sie ein und scheint das Gesagte mit einer drohenden Geste unterstreichen zu wollen. Dann lässt er von ihr ab und geht zurück zu den anderen Jungen. Kim rührt sich erst, als sie Mareike Locher langsam auf sich zukommen sieht. Das Mädchen hat Tränen in den Augen.

Mareike Locher legt Kim behutsam den Arm um die Schulter und sagt: „Komm, lass uns eine Runde zusammen spazieren gehen. Einverstanden?" Die Fünftklässlerin nickt. Während die beiden in den Park der Schule gehen, fragt die Schulsozialarbeiterin, ob sich Kim von Mariano bedroht gefühlt habe. Kim fängt an zu schluchzen und nickt.
Im Gehen beginnt Kim zu erzählen. Zunächst zögerlich, dann bricht es förmlich aus ihr heraus. Das Mädchen teilt der Schulsozialarbeiterin mit, dass Mariano sie in den letzten Wochen immer wieder bedroht habe. Sie solle ihm jeden Tag eine Pizza im Schülercafé kaufen. Wenn sie das nicht tue, werde er dafür sorgen, dass es für sie „richtig unangenehm" in der Schule werde. Aus Angst vor dem Siebtklässler hat Kim nach und nach das Geld, das sie von ihren Großeltern zu Ostern bekommen hatte, genommen und war Marianos Forderungen nachgekommen. Nun, da das Geld aufgebraucht ist, weiß sie nicht mehr weiter.
Das Mädchen möchte nicht, dass es ihre Eltern erfahren, und wollte deshalb auch nicht mit ihrer Klassenlehrerin darüber sprechen. Ihre Freundin Sophie, die dieselbe Klasse wie Mariano besucht, ist die Einzige, die bisher davon wusste. Auch sie hat Angst vor Mariano, der sie regelmäßig beleidigt, vor den Mitschüler:innen bloßstellt und Lügen über sie in sozialen Medien verbreitet.
Die Schulsozialarbeiterin und Kim setzen sich auf eine Bank. Mareike Locher zieht ein Taschentuch aus der Tasche und reicht es dem Mädchen. „Das bekommen wir schon hin!"

Zunächst ist es wichtig, dass die Schulsozialarbeiterin dem Mädchen deutlich zu verstehen gibt: Egal was es ist, ich bin für dich da. Das Gefühl, einem Erwachsenen vertrauen und sich ihm öffnen zu können, ist eine wesentliche Grundbedingung dafür, dass Kinder und Jugendliche über ihre Probleme sprechen können. Sozialpädagogische Fachkräfte an Schulen sollten alles dafür tun, dass sich zwischen ihnen und möglichst vielen Schüler:innen eine solche förderliche Beziehung entwickeln kann.

Hierbei bedarf es nicht unbedingt vieler persönlicher Begegnungen – wenngleich selbstverständlich gilt, dass die jungen Menschen umso mehr Vertrauen entwickeln können, je mehr sie die Schulsozialarbeiter:innen direkt erleben (z. B. in Projekten im Klassenverband oder in offenen Angeboten). Entscheidend scheint es jedoch zu sein, dass die Schulsozialarbeiter:innen als authentische Personen wahrgenommen werden.

Am Nachmittag bespricht sich die Schulsozialarbeiterin erneut mit Klassenlehrerin Jaeckel. Kim hatte ihr auch die Einwilligung gegeben, dass sie über das Gespräch zwischen ihnen sprechen dürfe.
Die Lehrerin berichtet vom Telefonat mit Kims Mutter, welches sie heute in der Mittagspause führen konnte: Frau Seibold hatte sich auch schon Sorgen um Kim gemacht, nachdem sie in den letzten Tagen häufiger über Bauchschmerzen geklagt hatte und mehrfach äußerte, nicht mehr in die Schule gehen zu wollen. Sie hatte bislang vergeblich versucht, mit Kim darüber zu sprechen und ist nun dankbar und froh, dass sich jetzt vielleicht etwas ändert. Sie willigte sofort ein, baldmöglichst zu einem persönlichen Gespräch mit Kim, der Klassenlehrerin und der Schulsozialarbeiterin in die Schule zu kommen.
Mareike Locher und Doris Jaeckel vereinbaren, dass zunächst die Sozialpädagogin ein Gespräch mit Kim und ihrer Freundin Sophie führen wird, mit dem Ziel, die Situation aus Sicht der Kinder genau verstehen zu können sowie um eine Bewertung vornehmen und das weitere Vorgehen konkret planen zu können. Hierzu wird die Schulsozialarbeiterin die beiden Mädchen am nächsten Vormittag aus dem Unterricht und zu ihr ins Büro holen.
Doris Jaeckel wird ihren Kollegen Stefan Randerbrug, Klassenlehrer von Sophie und Mariano, informieren und um seine Einschätzung bitten. Ebenso wird sie Schulleiterin Christine Neumann über die Situation und das vereinbarte Vorgehen in Kenntnis setzen.
Gemeinsam wollen die beiden Pädagoginnen Mariano am nächsten Tag in der Mittagspause mit den Vorwürfen konfrontieren und seine Sicht der Situation hören.
Dann werden sie sich nochmals zu dritt – Mareike Locher, Doris Jaeckel und Stefan Randerbrug – kollegial beraten und über das weitere Vorgehen und die Rollen und Aufgaben jedes Einzelnen abstimmen.

Um die verschiedenen Sichtweisen des Opfers und des Täters oder der Täterin angemessen wahrnehmen zu können, ohne Vorverurteilung insbesondere des Täters oder der Täterin, ist es hilfreich, mit den W-Fragen aus der systemisch-ontologischen Theorie von Silvia Staub-Bernasconi zu arbeiten und dabei soziale und gesellschaftliche Kontexte zu berücksichtigen:

- Was ist die Ausgangsproblematik?
- Warum und weshalb ist diese Problematik entstanden?
- Wohin tendiert die Situation, falls nicht interveniert wird?
- Was ist gut bzw. nicht gut?
- Wer soll was verändern?
- Womit soll die Veränderung herbeigeführt werden? (Ressourcen)

- Was muss entschieden werden?
- Wie soll die Veränderung herbeigeführt werden?
- Wurden die Ziele erreicht?[153]

Durch die Beantwortung der Fragen kommen die nicht erfüllten Bedürfnisse sowohl des Opfers als auch des Täters oder der Täterin in den Blick, die die Situation kennzeichnen, aber insbesondere in Bezug auf den Täter oder die Täterin oft nicht so offensichtlich sind.

Auch wenn jeder Einzelfall für sich beurteilt werden muss und es auch im schulischen Kontext durchaus Fälle geben kann, in denen schnell weitere Akteur:innen (Schulleitung, Polizei o. Ä.) aktiv werden müssen, könnte ein Ablaufschema für einen solchen Konflikt mit einer Täter-Opfer-Beziehung beispielsweise so aussehen:

- Wahrnehmung der problematischen Situation
- Kollegiale Beratung und Einschätzung der Situation durch Schulsozialarbeiter:innen und Lehrer:innen
- Information der Schulleitung und ggf. betroffener Lehrerkolleg:innen
- Erstes Gespräch mit dem oder den Opfer(n)
- Kollegiale Beratung mit allen beteiligten Pädagog:innen (Schulsozialarbeit und Lehrkräfte)
- Erstes Gespräch mit Eltern des/der Opfer(s)
- Erstes Gespräch mit dem Täter oder der Täterin
- Erstes Gespräch mit den Eltern des Täters oder der Täterin
- Gemeinsames Gespräch als Mediation bzw. Täter-Opfer-Ausgleich zwischen Opfer(n) und Täter bzw. Täterin
- Klassenrat zum Thema (moderiert durch Schulsozialarbeit)
- Mit etwas zeitlichem Abstand: nochmaliges Gespräch zwischen Täter oder Täterin und Opfer(n) zur Überprüfung der getroffenen Vereinbarungen

Gerade in der pädagogischen Arbeit mit Kindern und Jugendlichen ist es wichtig, dass auftretende Konflikte umgehend bearbeitet werden und zwischen den einzelnen Schritten der Konfliktbearbeitung nicht zu viel Zeit liegt. Je präsenter den Kindern und Jugendlichen die Situationen und beispielsweise die damit verbundenen Gefühle im Einzelnen noch sind, desto eher können sie sich auf die konstruktive Auseinandersetzung damit

---

153 Vgl. Staub-Bernasconi 2007, S. 204/205; die Fragen sind hier in einer stark komprimierten Fassung wiedergegeben.

einlassen. Und wenn es um Sanktionen nach abweichendem Verhalten geht, ist der zeitliche Faktor bekanntlich dafür entscheidend, wie sehr ein junger Mensch diese in Bezug zum auslösenden Verhalten setzt und daraus lernt.

Die beiden Mädchen Kim und Sophie sitzen auf dem Sofa in dem Büro der Schulsozialarbeiterin Mareike Locher. Beide wirken erleichtert. Auf die Frage, wie es ihnen denn nun gehen würde, antworten beide übereinstimmend: „Gut. Endlich kann das aufhören."
Die Sozialpädagogin lässt sich von beiden Mädchen nochmals genau schildern, wie sich Mariano ihnen gegenüber verhalten hat. Sie greift dabei immer wieder die Gefühlsäußerungen Kims und Sophies auf und fragt hier genauer nach: „Habe ich dich richtig verstanden, Sophie, dass du traurig bist und dich sehr klein gemacht fühlst, wenn Mariano dich vor deinen Klassenkameraden als ‚fette Tonne' bezeichnet?" „Was löst das in dir aus, Kim, wenn Mariano zu dir kommt und nach dem Geld für die Pizza fragt?"

Das Verbalisieren von Gefühlen ist sehr hilfreich in der konstruktiven Bearbeitung von Konflikten und nicht selten der Schlüssel zur Lösung. Sie liegen „unhörbar" in unserem Inneren, sind aber unsere wichtigsten „Antreiber" oder „Bremser" in der Konfliktdynamik. Vielen Kindern und Jugendlichen (und im Übrigen auch vielen Erwachsenen) fällt es schwer, ihre Gefühle sprachlich auszudrücken, weil sie hierin oftmals wenig geübt sind. Durch Techniken wie Spiegeln, aktives Zuhören oder Umformulieren von Aussagen kann die sozialpädagogische Fachkraft dabei unterstützen, dass Gefühle für andere besser wahrnehmbar werden. Und erst wenn Gefühle „draußen" und für alle offensichtlich sind, können sie auch nachempfunden werden.

„Könntet ihr euch vorstellen, dass wir ein gemeinsames Gespräch mit Mariano führen? Ihr beide, Mariano und ich? Ich würde das Gespräch moderieren und ihr könntet Mariano direkt sagen, wie es euch geht und was ihr jetzt mir erzählt habt. Und ihm auch sagen, dass ihr möchtet, dass er damit aufhört. Könntet ihr euch das vorstellen?" Sophie: „Ich will, dass er bestraft wird. Ich will nicht nur reden." „Das kann ich gut verstehen. Wie du weißt, bin ich nicht diejenige, die ihn bestrafen kann, das müssten Frau Jaeckel, Herr Randerbrug oder Frau Neumann tun. Und ich bin mir sicher, dass sie auch dafür sorgen werden, dass sein Verhalten Konsequenzen hat. Mir geht es in erster Linie um euch beide. Ich könnte mir vorstellen, dass es dir und Kim nach so einem Gespräch besser gehen würde und ihr wegen Mariano keine unangenehmen Gefühle mehr haben bräuchtet.

Wollen wir es mal probieren?" Kim: „Ich bin einverstanden." Sophie: „Okay. Aber nur, wenn du dabei bist." „Prima. Dann werden wir mal sehen, ob auch er einverstanden ist."

Die Schulsozialarbeiterin macht hier gegenüber den beiden Mädchen nochmals ihre Rolle und ihren Auftrag klar. Das ist gerade dann wichtig, wenn Kinder oder Jugendliche erstmals Hilfe von der Schulsozialarbeit in Anspruch nehmen. Gerade mit Blick auf mögliche Sanktionen für die Konfliktbeteiligten muss diesen klar sein, dass die sozialpädagogische Fachkraft keine strafende, sondern eine unterstützende und helfende Instanz darstellt.

Nach dem Gespräch mit den beiden Mädchen setzt sie sich an ihren Schreibtisch und hält mit Hilfe ihrer Dokumentationssoftware am PC die wichtigsten Aussagen der beiden sowie ihre Einschätzungen fest.

Ein in der Praxis aufgrund zeitlichen Drucks immer wieder vernachlässigtes Thema ist die kontinuierliche schriftliche Dokumentation des eigenen Handelns. Es gehört zum professionellen sozialarbeiterischen Handeln jedoch unbedingt dazu, dass dieses auch nach einiger Zeit noch für einen selbst und ggf. für andere nachvollziehbar ist. Zum einen kann die Dokumentation entlasten, da die Vielzahl an Gesprächen, Kontakten und Aufgaben sonst schnell zur Überforderung für das Gedächtnis werden, zum anderen hilft sie auch der nochmaligen Reflexion und damit der Kontrolle des eigenen Vorgehens.

In der Mittagspause treffen sich Doris Jaeckel und Mareike Locher im Besprechungszimmer der Schule. Auch der bereits informierte Stefan Randerbrug kommt mit dazu. Nach einem kurzen Austausch geht Marianos Klassenlehrer in die Mensa und holt den Jungen zum Gespräch dazu. Der Dreizehnjährige wirkt verunsichert, als er den Raum betritt.
Sein Klassenlehrer beginnt: „Mariano, kannst du dir vorstellen, warum wir drei mit dir sprechen möchten?" „Vielleicht …" Schulsozialarbeiterin: „Zwei deiner Mitschülerinnen geht es im Moment gar nicht gut. Und das hat mit dir zu tun. Sie fühlen sich durch dich erpresst und fertig gemacht." Mariano: „Wer soll das sein?" Doris Jaeckel: „Kim und Sophie haben beide mit uns gesprochen und erzählt, dass Kim dir seit einiger Zeit regelmäßig von ihrem Geld Pizza kaufen soll und du Sophie immer wieder massiv beleidigen und vor den anderen Schülern eurer Klasse bloßstellen würdest. Was sagst du dazu?" „Nichts. Was soll ich schon sagen?" „Würdest du sagen, die beiden haben Recht?" „Was weiß ich … Die sollen sich nicht so aufspielen, die kleinen Pisser!" „Wir möchten, dass das sofort aufhört.

Wir akzeptieren es nicht, dass irgendjemand bei uns an der Schule Angst hat. Wir werden es nicht zulassen, dass irgendjemand durch dich oder andere Kinder oder Jugendliche bedroht, erpresst, beleidigt oder fertig gemacht wird! Du weißt es und siehst es auch jetzt hier, dass wir Gewalt sehr ernst nehmen und dafür sorgen, dass sich jeder bei uns sicher fühlen kann!"
Schulsozialarbeiterin Locher: „Was hältst du davon, Mariano, wenn du mit Kim und Sophie sprichst? Ich würde dich gerne einladen, dass wir ein Gespräch zu viert führen: du, Kim, Sophie und ich. Da könntet ihr miteinander schauen, was da gerade los ist zwischen euch. Wie wäre das?" „Du kannst mich gar nicht bestrafen, du bist Sozialarbeiterin!" „Mir geht es auch nicht darum, dich zu bestrafen. Ich möchte Kim und Sophie dabei unterstützen, dass sie ihre unangenehmen Gefühle loswerden. Und dich möchte ich darin unterstützen, dass du keinen Ärger bekommst, sondern dich so verhältst, dass es auch dir besser damit geht. Ich habe nämlich schon den Eindruck, dass du mit der Situation im Moment auch nicht glücklich bist, oder?" Mariano: „Wenn ihr alle wüsstet, was bei mir gerade abgeht. Ich habe nur scheiß Stress! Und jetzt auch noch das hier …!" Mariano senkt den Kopf und hat Tränen in den Augen. Mareike Locher legt ihre Hand auf seine Schulter und streichelt ihn leicht.

Gerade in gemeinsam von Lehrer:innen und Schulsozialarbeiter:innen geführten Gesprächen ist es wichtig, dass für das Kind oder den Jugendlichen deutlich wird, wer welche Rolle innehat.

Nach einigen Minuten Stille sagt Stefan Randerbrug, dass er Marianos Mutter informieren und zu einem gemeinsamen Gespräch in die Schule einladen wird. Er teilt Mariano mit, dass auch die Schulleiterin Bescheid weiß. „Das tut mir leid, dass du im Moment selbst einige Probleme hast. Mir ist klar, dass meistens der, der anderen Probleme macht, selbst welche hat. Aber Probleme lassen sich meistens lösen. Ich würde es klasse finden, wenn du dich – unabhängig von dem Gespräch mit Kim und Sophie – einfach mal mit Frau Locher besprechen würdest, Mariano. Wenn du willst und Frau Locher Zeit hat, könnt ihr das von mir aus auch jetzt gleich machen. Ich werde dir dann morgen sagen, was ich mir als Konsequenz für dich überlegt habe." Damit endet das Gespräch.
Vor der Tür greift Mareike Locher den Vorschlag des Lehrers auf: „Hast du Lust auf eine Tasse Tee oder ein Glas Saft? Ich würde gerne mit dir sprechen, wenn du magst. Du musst natürlich nicht." „Ja, okay."

Die Sozialpädagogin betont hier, gerade auch in Abgrenzung zu den Schulpädagog:innen, die Freiwilligkeit ihres Angebots. Kinder und Jugendliche sollten nicht das Gefühl haben, dass sie mit der Schulsozialarbeit sprechen müssen, wenn sie das nicht wollen.

Eine wichtige Aufgabe von Schulsozialarbeit in der Beratungsarbeit ist es, diejenigen, die mit ihren Anliegen zu den sozialpädagogischen Fachkräften kommen, umfassend zu den jeweiligen Themen zu informieren. Hierzu zählt auch die Information über rechtliche Möglichkeiten, die die Betroffenen in ihrer Situation haben. Das setzt selbstverständlich voraus, dass die Schulsozialarbeiter:innen selbst „sattelfest" in relevanten Rechts- und Verfahrensfragen sind.

> Lehrer Stefan Randerbrug hat Frau Costa, Marianos Mutter, angerufen und sie gebeten, für ein Gespräch mit ihm und Mariano in die Schule zu kommen. Er schildert ihr nur kurz, was vorgefallen ist, und bittet sie, sich zunächst von ihrem Sohn die Details schildern zu lassen. Sie verabreden sich für den Nachmittag des folgenden Tages.
> Nachdem das Gespräch dann stattgefunden hat, berichtet der Lehrer Schulsozialarbeiterin Mareike Locher davon: Mariano hatte seiner Mutter offensichtlich noch nicht alles gesagt. Als sie hörte, dass ihr Sohn eine andere Schülerin vermutlich schon seit einiger Zeit erpressen würde, war sie schockiert. Das hätte sie nie von ihm gedacht. Frau Costa wird alle Erziehungs- und Ordnungsmaßnahmen der Schule voll und ganz mittragen. Darüber hinaus wird er zu Hause auch mit Strafen rechnen müssen.
> Stefan Randerbrug sprach sie auch auf die von Mariano geäußerten Belastungen in der Familie an und meinte, dass er sich auch Sorgen um ihn machen würde. „Mir ist es ein wichtiges Anliegen, dass es Mariano gut geht. Und ihnen als Mutter geht es sicherlich genauso. Daher würde ich ihnen empfehlen, Kontakt zu unserer Schulsozialarbeiterin Frau Locher aufzunehmen. Mariano ist bereits mit ihr im Gespräch." Frau Costa will sich bei der Schulsozialarbeit melden.

Lehrer:innen haben vielfach gute Möglichkeiten, für Eltern als „Brückenbauer" zur Schulsozialarbeit hinzuwirken: Sie können in Elterngesprächen, an Elternabenden oder in Elternbriefen Informationen zu Auftrag, Rolle, Arbeitsweise und Erreichbarkeit ihrer sozialpädagogischen Kolleg:innen weitergeben – selbstverständlich nur, wenn sie selbst über diese Informationen verfügen. Hier zeigt sich der Wert einer aktiven auch nach innen gerichteten Öffentlichkeitsarbeit der Schulsozialarbeit – beispielsweise mittels Informationsbroschüren, Kontaktkarten, Handzetteln oder Internetseiten.[154]

Für ein Mediationsgespräch gibt es, neben der vorausgehenden Vorphase und der ihm nachfolgenden Umsetzungsphase, nach Besemer[155] fünf typische Phasen:

1. Einleitung
2. Sichtweise der einzelnen Konfliktparteien
3. Konflikterhellung/Vertiefung
4. Problemlösung/Entwurf von Lösungen
5. Übereinkunft

Im Folgenden werden die einzelnen Phasen anhand des Fallbeispiels verdeutlicht.

> Eine Woche später – in der Zwischenzeit sollten sich Mariano und die beiden Mädchen möglichst voneinander fernhalten – findet das Mediationsgespräch im Büro der Schulsozialarbeit statt. Die drei Jugendlichen und die Schulsozialarbeiterin sitzen in der Couchecke: Kim und Sophie sitzen auf der einen Couch, daneben Mariano auf der zweiten und Mareike Locher auf der anderen Tischseite gegenüber, sodass sich zwischen ihnen etwa ein gleichseitiges Dreieck bildet.
> Auf dem Tisch liegen Moderationskarten, Filzstifte, ein Modell eines Eisbergs aus Karton und ein Gummi-Knautschball bereit. Außerdem stehen eine kleine Vase mit bunten Frühlingsblumen, Gläser und ein Krug mit Wasser und ein Teller mit Keksen auf dem Couchtisch. An der Bürotür hängt das „Bitte nicht stören. Danke"-Schild und die verstellbaren Jalousien an der Glasfront zur Aula hin sind geschlossen. Im kurz zuvor gelüfteten Büro duftet es frisch.

Das Schaffen einer angenehmen, geschützten Gesprächsatmosphäre ist in der Regel ebenso wichtig wie die Inhalte des Gesprächs selbst. Nur wenn das Setting so gewählt und gestaltet ist, dass sich die Gesprächspartner:innen wohl fühlen können, können sie sich in der Situation auch öffnen. Hierbei sollte der/die Schulsozialarbeiter:in die Gestaltung des Raums und die Sitzordnung ebenso berücksichtigen, wie sein bzw. ihr eigenes Verhalten. Je

154 Siehe auch Kap. 3.3.6.
155 Besemer 1994.

ruhiger, entspannter, offener und dabei sicherer die Fachkraft wirkt, desto eher kann sich das auch auf die anderen Beteiligten übertragen und eine angstfreie, kooperative und vertrauensvolle Stimmung schaffen.

„Schön, dass ihr euch alle zu diesem Gespräch bereit erklärt habt", begrüßt die Sozialpädagogin die drei. „Zwischen euch ist im Moment eine ungute Situation, die euch alle drei belastet und die für euch mit jeder Menge unangenehmer Gefühle verbunden ist. Mit diesem Gespräch habt ihr die Chance, diesen Konflikt zu klären, und zwar so, dass es euch allen drei nachher gut mit der Lösung geht. Meine Rolle in den nächsten eineinhalb Stunden ist die der Mediatorin. Das heißt übersetzt Vermittlerin. Ich werde versuchen, zwischen euch – Kim und Sophie – und dir, Mariano, zu vermitteln und dazu beizutragen, dass ihr am Ende eine für euch passende Lösung findet. Ihr wisst, dass Mariano in jedem Fall mit einer Strafe von Herrn Randerbrug rechnen muss. Aber das ist jetzt hier nicht das Thema, das ist die Verantwortung eures Lehrers. Ich will versuchen, dass du, Mariano, tatsächlich verstehen kannst, was dein Handeln bei Kim und Sophie ausgelöst hat. Und auch du sollst am Ende nach Möglichkeit das Gefühl haben, dass es dir besser geht als im Moment."
Nun fasst die Schulsozialarbeiterin kurz zusammen, was sich seit dem ersten Gespräch von Frau Jaeckel und Kim vor zwei Tagen alles ergeben hat. Dann erklärt sie den Ablauf des Gesprächs und ruft nochmals die grundlegenden Gesprächsregeln in Erinnerung, die die Kinder auch sehr gut aus ihrem Klassenrat kennen. Besonders betont sie, dass es wichtig ist, offen miteinander zu sprechen. Und dass es für die Offenheit wichtig ist, dass die Beteiligten die Dinge, die in der Mediation angesprochen werden, auch für sich behalten und nicht mit anderen Kindern und Jugendlichen darüber sprechen sollten. Und mit Lehrer:innen oder Eltern nur, wenn alle einverstanden seien. „Habt ihr noch Fragen zum Ablauf? Seid ihr damit und mit den Regeln so einverstanden?"

Neben der bereits erläuterten Schaffung einer guten Atmosphäre ist es während der Einleitung wichtig, dass die Schulsozialarbeiterin als Mediatorin die Vorgeschichte und den eigenen Informationsstand für alle transparent macht. Sie erklärt den Ablauf des Mediationsgesprächs, die für alle geltenden Regeln und ihre eigene Rolle dabei. Auch mögliche Alternativen zu einer Konfliktbearbeitung durch die Mediation werden aufgezeigt. Offene Fragen werden geklärt und abschließend das Einverständnis der Beteiligten ausdrücklich abgefragt.

Als die drei Schüler:innen bejahen, bittet Mareike Locher Kim, ihr zu erzählen, was sich zwischen ihr und Mariano in den letzten Wochen abgespielt hat und vor allem auch, wie sie sich dabei gefühlt hat. Die Fünftklässlerin erzählt, an die Schulsozialarbeiterin gerichtet, wie es ihr in den letzten Wochen gegangen ist, seit Mariano das erste Mal in einer Mittagspause zu ihr gekommen war und ihr gedroht hatte, er werde sie von oben bis unten mit Saft bespritzen, wenn sie ihm nicht sofort ein Stück Pizza im Schülercafé kaufen würde. Die Sozialpädagogin hört sehr aufmerksam zu, nickt von Zeit zu Zeit und fragt immer wieder mal kurz nach, wenn sie sich nicht sicher ist, Kim richtig verstanden zu haben. Auch Mariano und Sophie hören genau zu. Mariano will immer wieder mal etwas sagen, wird aber von Mareike Locher gebremst: „Du bist nachher dran, Mariano. Jetzt darf Kim ganz in Ruhe erzählen."
Nachdem die beiden Mädchen ihre Sichtweise und Gefühle dargestellt haben, wendet sich die Schulsozialarbeiterin Mariano zu: „Mariano, jetzt hast du gehört, wie die beiden dich und dein Verhalten in der letzten Zeit wahrgenommen haben und welche Gefühle es bei Kim und Sophie ausgelöst hat. Wie geht es dir damit? Was möchtest du dazu sagen?" Und dann fängt der Junge an zu reden. Es sprudelt förmlich aus ihm heraus. Er sagt, dass er das nicht gewollt habe, dass es Kim so schlecht geht. Er habe doch nur ein bisschen vor seinen Freunden angeben wollen, damit, dass „die Kleinen" ihn so toll finden und ihm sogar sein Mittagessen bezahlen würden. Und auch dass es immer wieder Sophie sei, die seine Späße abbekäme, läge nur daran, dass sie sich nicht wehren würde. Eigentlich fände er sie ganz okay. Auch ihm hört Mareike Locher konzentriert zu und stellt nur die ein oder andere kurze Frage. „Möchtest du erzählen, wie es dir gerade geht?" Und dann erzählt Mariano von seinen Problemen zu Hause und dass er manchmal nachts stundenlang weinend im Bett liegen würde. Sophie und Kim hören zu. So haben sie den immer so stark wirkenden Mariano noch nie erlebt.

Der Reihe nach kommen die Sichtweisen jeder einzelnen Konfliktpartei zur Sprache. In einem Mediationsgespräch mit einer Täter-Opfer-Beziehung sollte zunächst das Opfer gehört werden. Zur Vermeidung von Unterbrechungen und eskalierenden Einwürfen achtet der Mediator bzw. die Mediatorin darauf, dass die Konfliktbeteiligten zunächst gezielt ihm bzw. ihr erzählen und die anderen sich auf das genaue Zuhören konzentrieren. Das lässt sich gut durch eine betont dem Sprechenden zugewandte Körperhaltung erreichen. Während sich so bei der erzählenden Person eine emotionale Entlastung einstellt, erfahren die zuhörenden Personen einiges Neues.

Neben den von den Beteiligten wahrgenommenen Fakten sollten vor allem die in der beschriebenen Situation vorherrschenden Gefühle zur Sprache kommen können. Wie bereits oben beschrieben, stehen dem Mediator oder der Mediatorin hierzu einige erlernbare Techniken wie das aktive Zuhören oder das Spiegeln zur Verfügung.[156]

Die Schulsozialarbeiterin schlägt vor, die wichtigsten Gefühle und Interessen der drei in Stichworten auf die Moderationskarten zu schreiben und zwischen sie auf den Tisch zu legen. So haben sie alle nochmals vor Augen.
Dann bittet sie darum, dass alle ihre Wünsche und Idealvorstellungen in Bezug auf die Beziehung der Mädchen zu Mariano auf weitere, andersfarbige Karten schreibt. Gemeinsam werden diese Karten dann nochmals intensiv besprochen: Was ist wem wichtig? Wie stellt sich wer das Verhältnis vor? Unter welchen Bedingungen würde es den Kindern gut gehen? Mehr und mehr sprechen die drei jetzt auch miteinander, wobei die Mediatorin auf die strikte Einhaltung der Gesprächsregeln achtet sowie darauf, dass alle ausreichend zu Wort kommen.

Geht es in der zweiten Phase zunächst um die Entwicklung einer übereinstimmenden Antwort auf die Frage „Was ist geschehen?“, so steht in der folgenden dritten Phase des Gesprächs (Konflikterhellung) die Frage „Was steckt dahinter?“ im Mittelpunkt. Was sind die Motive, Interessen, Beweggründe, Wünsche, Gefühle, Motive und Idealvorstellungen der Konfliktparteien? Je genauer man auf diese Fragen eingeht, desto eher kann ein gegenseitiges Verständnis erreicht und aus dem scheinbar unversöhnlichen Streit ein gemeinsames Problem werden.[157]

Zur Verdeutlichung dessen eignet sich das Eisbergmodell hervorragend: Wie bei einem im Wasser treibenden Eisberg erkennt man zunächst nur die über der Wasserlinie liegenden, sichtbaren Teile. Das sind die Fakten, die gut zu beschreiben sind. Auch kann man hier, beispielsweise mit einem echten gebastelten Kartonmodell eines Eisbergs, schön verdeutlichen, dass zwar alle Beteiligten denselben Eisberg sehen, aber nicht zwingend und sofort genau dieselben Eigenschaften wahrnehmen. Jede:r hat – zunächst – eine eigene Wahrheit. Diese gilt es dann abzugleichen und sich auf eine gemeinsame Deutung zu einigen.

156 Beides Techniken, die insbesondere durch Carl Rogers klientzentrierte Therapieform bekannt geworden sind.
157 Vgl. Besemer 1994.

„Und nun würde ich gerne gemeinsam mit euch überlegen, wie ihr diese Wünsche Wirklichkeit werden lassen könnt. Was braucht ihr dazu, dass es zwischen euch so wird, wie ihr es euch vorstellt?" In einem Brainstorming sammeln die drei Ideen und schreiben sie in Stichworten auf ein großes Plakat, das Mareike Locher an die Wand gehängt hat: Wiedergutmachung, Respekt, Hilfe von Schulsozialarbeit, Abstand, Freundschaft, keine Beleidigungen, Geld zurück, Strafe, Verständnis, Thema im Klassenrat … Dann betrachten die drei miteinander die einzelnen Begriffe, erläutern sich diese gegenseitig und überlegen, welche Ideen sie umsetzen wollen. Besonders die Punkte Wiedergutmachung und Besprechen des Themas „Erpressung" im Klassenrat sind den Mädchen sehr wichtig. Mariano bietet an, dass er Kim das Geld für die Pizza wieder zurückzahlen wird und für sie beide, Sophie und Kim, bei ihm zu Hause eine „echte" italienische Pizza backen wird. Nur im Klassenrat möchte er nicht über die Sache sprechen. „Vielleicht könntet ihr mit euren Klassenkameraden ganz allgemein über das Thema Erpressung sprechen und vor allem darüber, was die Opfer tun können, wenn sie bedroht werden? Das könntet ihr ja auch gemeinsam vorbereiten, oder? Wenn ihr mögt, kann ich euch auch dabei unterstützen", schlägt die Schulsozialarbeiterin vor.

In der Phase der Problemlösung geht es darum, zunächst Ideen für mögliche Problemlösungen zu sammeln, daraus die erfolgversprechendsten auszuwählen und eine von allen Beteiligten akzeptierte Lösungsstrategie zu entwickeln. Diese ist zukunfts- und ressourcenorientiert und sollte realistisch sein.

Mareike Locher holt für den letzten Schritt ihr Notebook an den Tisch und zeigt den drei Kindern einen Entwurf für eine Vereinbarung zum künftigen Umgang miteinander. Gemeinsam mit den Kindern ergänzt sie deren Lösungsvorschläge und lässt sie ihre Übereinkunft selbst formulieren. Ein wichtiger Punkt ist, dass sie sich in vier Wochen nochmals treffen wollen, um zu prüfen, ob alles wie vereinbart funktioniert. Alle Beteiligten erhalten sogleich ein ausgedrucktes Exemplar.

Ein Mediationsgespräch endet in der fünften Phase mit der schriftlichen Fixierung der erzielten Übereinkunft und möglichst der Vereinbarung eines konkreten Termins für ein Nachfolgetreffen. Miteinander sollte dann eine Beurteilung vorgenommen werden, ob die verabredeten Schritte gegangen wurden und ob unter Umständen nachverhandelt werden sollte.

Mit den Schüler:innen hatte die Schulsozialarbeiterin vereinbart, dass sie die beiden Lehrer:innen Doris Jaeckel und Stefan Randerbrug über das Ergebnis, nicht jedoch den Verlauf des Gesprächs informieren darf. Das tut sie am folgenden Tag während der TeamZeit genannten Besprechungszeit des Lehrer:innenkollegiums.
Miteinander legen die drei Pädagog:innen einen Termin für eine gemeinsame Klassenratssitzung der Klassen 5 und 7 fest, in der sie mit den Schüler:innen über den Umgang mit Bedrohungen, Beleidigungen und Erpressungen sprechen wollen. Die Schulsozialarbeiterin, welche die Moderation des Klassenrats übernehmen wird, wird einen filmischen Impuls vorbereiten und sich vorab mit den vier Klassensprecher:innen über den Ablauf und den methodischen Aufbau der 45-minütigen Sitzung beraten.

Neben der individuellen Bearbeitung von Konflikten ist es gerade in der Schule besonders bedeutsam, auch die jeweiligen Gruppen oder sogar das Gesamtsystem Schule zu berücksichtigen. Jeder Einzelfall wirkt über den Kreis der unmittelbar Betroffenen hinaus, da auch die anderen Kinder und Jugendlichen sowie viele Erwachsene mitbekommen, wenn auch nicht im Detail, was passiert ist, und vor allem, wie damit umgegangen wird.

Alle Elemente des sozialen Systems lernen dabei: Entweder, wie der konstruktive Umgang mit Konflikten zu einer Verbesserung der Situation führt, oder aber, wie durch das ungünstige Bearbeiten oder gar das Ignorieren eine Verschlechterung für den/die Einzelne:n und letztlich die soziale Gruppe bewirkt wird.

3.1.4 Einzelberatung und Coaching zu Berufsorientierung und Lebensplanung

„Was soll ich nur mal werden?" Diese Frage stellen sich viele Jugendliche, wenn es in der zweiten Hälfte der Sekundarschulzeit auf den anstehenden Übergang von der Schule in eine Berufsausbildung oder auf eine weiterführende Schule zugeht. Gerade in den Mittel- und Oberschulen sind die Jugendlichen noch recht jung und zudem mitten in der Pubertät, wenn sie eine Antwort hierauf finden sollen. Viele fühlen sich überfordert und hilflos.

Die Schulsozialarbeit macht an vielen Schulen besondere Beratungsangebote zu den Themen Berufsorientierung und Lebensplanung. Für die sozialpädagogischen Fachkräfte an beruflichen Schulen stellt dies gar einen Schwerpunkt ihrer Arbeit dar.[158]

Die 16-jährige Fabiana besucht die zweijährige Berufsfachschule für Gesundheit und Pflege. Eigentlich war die Anmeldung in dem beruflichen Schulzentrum im Nachbarort eine Notlösung für sie gewesen. Wirklich gerne geht sie nämlich nicht zur Schule und besonders gut sind ihre Noten auch nicht. Sie hatte nur keinerlei Idee gehabt, welchen Beruf sie stattdessen nach ihrer Hauptschulzeit lernen sollte.

Doch jetzt ist ihr erstes von zwei Schuljahren auf dem Weg zum Mittleren Bildungsabschluss schon fast vorbei und sie hat immer noch keine bessere Antwort. Auf dem Weg zum naturwissenschaftlichen Fachraum fällt ihr eines Tages ein Plakat der Schulsozialarbeit auf. „YES, YOU CAN …!" steht in großen, grellen Buchstaben darauf. Und etwas kleiner darunter: „Du weißt, dass du was kannst, aber nur noch nicht, was? Dann geh mal meditieren – oder komm zur Schulsozialarbeit!" Und Letzteres macht Fabiana dann auch.

Fabiana kennt den Schulsozialarbeiter Thomas Seel schon aus ihrer Einführungswoche. Da hatte er mit ihrer ganzen Klasse einen Tag im Hochseilgarten verbracht. Jetzt sitzt ihr der Sozialpädagoge, der seit 13 Jahren an der Schule arbeitet, in seinem gemütlichen Büro neben der Mensa des Schulzentrums gegenüber. Wie auf dem kleinen Flyer, den sie bei der Terminvereinbarung vor einer Woche von ihm bekommen hatte, geschrieben war, hat Fabiana ihre Zeugnismappe, ihren Qualipass[159] mit einigen Praktikumsbestätigungen und den ausgefüllten Selbsteinschätzungsbogen dabei, den sie sich zu Hause von der Website der Schulsozialarbeit heruntergeladen hatte.

---

158 Vgl. zur theoretischen Aufbereitung des Themas sowie weiteren Praxisbeispielen Pötter 2014b.

159 Beim Qualipass handelt es sich um eine vom Ministerium für Kultus, Jugend und Sport Baden-Württemberg und der Freudenberg-Stiftung in Weinheim entwickelte Dokumentenmappe, „die von Jugendlichen und jungen Erwachsenen genutzt und auch während des späteren Berufslebens als Dokumentation für die erworbenen Qualifikationen eingesetzt wird. Er dokumentiert Praxiserfahrungen und Kompetenzgewinne, die Jugendliche durch Praktika, Vereinsmitarbeit, Schülerinitiativen, Kurse, Auslandsaufenthalte, Nachbarschaftshilfe oder vergleichbare Tätigkeiten erworben haben" (www.qualipass.info). Ähnliche Angebote gibt es auch vom Jobcenter und in vielen Ländern wird auch der „Berufswahlpass" durch die Landesministerien gefördert (www.berufswahlpass.de).

Dieser dient für dieses erste 45-minütige Gespräch zwischen dem Schulsozialarbeiter und der Jugendlichen als Leitfaden. Es geht um Fragen wie: Wo siehst du deine Stärken? Was hast du bisher zum Thema Berufsorientierung unternommen? Mit wem hast du dich beraten? Wie stellst du dir dein Leben in zehn Jahren vor? Welche Schritte möchtest du als nächstes gehen? Wobei möchtest du unterstützt werden?
Am Ende des Gesprächs sehen beide etwas klarer über die derzeitige Situation Fabianas: Sie kann sich grundsätzlich gut vorstellen, irgendeinen Beruf im Gesundheitsbereich zu lernen, hat aber noch nicht den passenden gefunden. Außerdem möchte sie auch mal eine Familie gründen und Kinder haben, da braucht sie doch vielleicht gar keinen Beruf? Außer einem Gespräch bei der Berufsberaterin hat sie noch keine Unterstützung in Anspruch genommen, ihre Eltern können ihr auch nicht weiterhelfen.
Thomas Seel schlägt vor, dass sie sich in den kommenden Wochen regelmäßig treffen. Fabiana findet das gut. Bis zum nächsten Gespräch soll sie eine „Hausaufgabe" machen: Sie soll sich in der Broschüre „beruf aktuell" der Agentur für Arbeit die Berufe mit Bezug zu den Themen Pflege und Gesundheit heraussuchen und für den, der sie am meisten anspricht, eine kurze Präsentation vorbereiten. Sie ist einverstanden, bedankt sich und geht motiviert in den Unterricht zurück.

Das Spektrum der Themen in den Beratungen reicht von dem Wunsch nach Durchsicht und Korrektur der Bewerbungsmappe oder Fragen zu anstehenden Vorstellungsgesprächen und Auswahltests über die bislang erfolglose Suche nach einem Ausbildungsplatz oder Praktikumsmöglichkeiten bis hin zu völliger Orientierungslosigkeit der jungen Menschen. Diese ist häufig verbunden mit weiteren psychosozialen Problemen und Fragestellungen, mit denen sich der/die Jugendliche gerade beschäftigt.

Die Schulsozialarbeiter:innen nehmen in den ersten Gesprächen eine Clearingfunktion wahr: Worum geht es? Wo steht der/die einzelne Jugendliche? Was braucht er/sie? Und welchen Auftrag erteilt er/sie der Schulsozialarbeit? Entsprechend werden dann die weiteren Kontakte geplant. Das wichtigste Ziel für die sozialpädagogischen Fachkräfte ist es, die jungen Menschen zu befähigen, ihre Anliegen weitestgehend selbst wahrzunehmen und ihren Weg in die Zukunft selbst zu gestalten unter Berücksichtigung nicht nur beruflicher, sondern auch persönlicher Wünsche.

Wenn es um Berufsorientierung und Lebensplanung geht, ist es besonders wichtig, dass die Schulsozialarbeit über ein dichtes und gut funktionierendes Netzwerk von Kooperationspartner:innen verfügt.

Typische Partnerorganisationen und Personen im Netzwerk können sein:
- Agentur für Arbeit, insbesondere die Berufsberater:innen
- Industrie- und Handelskammer (IHK)
- Handwerkskammer (HWK)
- Unternehmen und andere Ausbildungseinrichtungen
- Öffentliche und private Bildungsträger
- Fachkräfte des regionalen/lokalen Übergangsmanagements
- Jugendamt mit seinen Fachdiensten (ASD, Jugendgerichtshilfe o. ä. m.)
- Spezialisierte Beratungsdienste (Suchthilfezentren, psychologische Beratungsstellen o. ä. m.)
- Spezialisierte Träger der Jugendberufshilfe
- Schulsozialarbeiter:innen (anderer) beruflicher Schulen

In den allgemeinbildenden Schulen mit der Sekundarstufe II sind Schulsozialarbeiter:innen oft auch dann in den Themen der Berufsorientierung involviert, wenn sie hierzu kein spezielles Angebot haben. Dies hängt schlicht mit der Tatsache zusammen, dass die Berufsfindung in dieser Altersphase ein wichtiges Thema für die Jugendlichen ist. Laut der Schulgesetzgebung ist grundsätzlich die Schule für die Berufsorientierung zuständig. Eine Aufgabe der Schulsozialarbeit ist es, die Schule bei der (Weiter-)Entwicklung eines Berufsorientierungskonzeptes zu unterstützen und die anderen wichtigen Aufgaben im Leben der Jugendlichen in dieser Altersphase auch im Zusammenhang mit der Berufsfindung zu thematisieren. Hier stehen dann stärker klassenbezogene Angebote im Vordergrund.[160]

3.1.5 Beratung von Personensorgeberechtigten und anderen erwachsenen Bezugspersonen

Die Beratungsangebote für Eltern, andere Personensorgeberechtigte und wichtige Bezugspersonen für Kinder und Jugendliche unterscheiden sich methodisch nicht grundlegend von der Arbeit mit Kindern und Jugendlichen. Unterschiede gibt es aber hinsichtlich der Themen sowie der Zugänge.

Eltern können sich grundsätzlich mit allen Fragen rund um die Themen Bildung, Erziehung und Betreuung an die Schulsozialarbeit wenden. Die sozialpädagogische Fachkraft wird sich in einem ersten Kontaktgespräch

160 Vgl. zu den Aufgaben der Schulsozialarbeit am Übergang Schule – Beruf Pötter 2014c.

(Clearing) ein Bild davon machen, worum es geht und welches Anliegen die Nutzer:innen haben. Dann erfolgt die fachliche Einschätzung, ob die Schulsozialarbeit die richtige Anlaufstelle ist und den Beratungsauftrag selbst annimmt oder ob ggf. andere Dienste und Einrichtungen Sozialer Arbeit eine bessere Unterstützung bieten. In der Praxis wenden sich Eltern, Großeltern, andere Verwandte, Nachbar:innen, Vereinstrainer:innen, Freund:innen und andere Erwachsene mit den unterschiedlichsten Anliegen an die Schulsozialarbeit: Eheprobleme, Fragen zur möglichen Schullaufbahn ihres Kindes, finanzielle Probleme, Sorgerechtsfragen, Konflikte mit Lehrer:innen, Suchtprobleme der Kinder oder innerfamiliäre Spannungen sind Beispiele für Themen, mit denen die Schulsozialarbeiter:innen konfrontiert werden. Während und nach der COVID-19-Pandemie wurden die Fachkräfte der Schulsozialarbeit verstärkt auf Fragen zu gesundheitlichen Sorgen und Ängsten, schulischen und psychischen Folgen der Pandemie für die Kinder und Jugendlichen u. v. m. angesprochen.

Bei dieser Vielfalt ist die Gefahr gegeben, dass sich sozialpädagogische Fachkräfte für allzuständig halten und auch Aufträge annehmen, für die sie keine kompetenten Ansprechpartner:innen sind. Ein professionell arbeitender Schulsozialarbeiter bzw. eine professionell arbeitende Schulsozialarbeiterin aber denkt systemisch und ist daher davon überzeugt, dass auch Probleme, die auf den ersten Blick nichts direkt mit den Kindern oder Jugendlichen zu tun haben, massive Auswirkungen auf diese haben können. Im Sinne einer konsequenten Lebensweltorientierung handelt er/sie daher durchaus fachlich richtig, wenn er/sie die Betreffenden zunächst anhört, das Gehörte sortiert und für sich bewertet, um dann an die passenden oder zuständigen Institutionen weiterzuvermitteln.

Hinsichtlich der Zugangswege zur Schulsozialarbeit unterscheidet sich die Beratung für Eltern dadurch, dass die Schulsozialarbeiter:innen vielen aus Elternabenden oder anderen offenen Veranstaltungen zwar bekannt sind, dass die Erwachsenen aber darüber hinaus – im Unterschied zu ihren Kindern – nicht so ohne Weiteres den Weg zur Schulsozialarbeit finden. Um auch für die Eltern möglichst niedrigschwellig erreichbar zu sein, empfehlen sich beispielsweise folgende Wege:

- Infoflyer (besonders in ungewöhnlichem Format und Gestaltung, ggf. auch in unterschiedlichen Sprachen), die an Elternabenden oder durch die Lehrer:innen verteilt werden und die eine Kurzdarstellung der Angebote und die vollständigen Kontaktdaten beinhalten,
- eine eindeutige Kennzeichnung der eigenen Räume und das Anbringen von Wegweisern zur Schulsozialarbeit im Schulgebäude,

- der Versand regelmäßiger E-Mail-Newsletter an interessierte Eltern,
- das Bereitstellen umfassender und aktueller Informationen zur Schulsozialarbeit auf einer eigenen oder der Schul-Website,
- das Angebot spezieller „Eltern-Kontaktzeiten" früh morgens oder (spät) abends sowie natürlich
- möglichst häufige persönliche Kontakte zu einer Vielzahl von Eltern.[161]

Dabei sollten möglichst unterschiedliche Kontaktmöglichkeiten angeboten werden: direkt vor Ort, telefonisch, per E-Mail, per (Video)Chat oder auch per Info-Brief oder Postkarte.

3.1.6 Kollegiale Beratung mit Lehrkräften und außerschulischen Fachleuten

Wie in den Fallbeispielen bereits deutlich wurde, ist die kollegiale Beratung mit Lehrkräften, der Schulleitung und anderen Professionen (beispielsweise Schulpsycholog:innen) innerhalb des Systems Schule sowie der kontinuierliche fallunabhängige und fallbezogene Kontakt zu außerschulischen Fachleuten ein wichtiger Faktor für das Gelingen sozialpädagogischer Beratung und Einzelhilfe in der Schulsozialarbeit.

> Wie jeden Montagnachmittag trifft sich das Schulleitungsteam des Heisenberg-Gymnasiums zur gemeinsamen Abstimmung und Besprechung wichtiger aktueller Anliegen. Die Schulsozialarbeiterin Christa Wolf ist mit dabei. Am Werner-Heisenberg-Gymnasium ist sie u. a. zuständig für die Vernetzung und Kooperation der Schule mit außerschulischen Einrichtungen und Unternehmen. Ihre Aufgaben überschneiden sich zum Teil mit denen von Bernhard Klein, dem Berufswahlkoordinatoren der Schule, der aber nicht Teil des Schulleitungsteams ist.
> Christa Wolf bringt ihre sozialpädagogische Sicht mit in die Diskussionen des Schulleitungsteams ein und stößt mit ihren Anregungen nicht immer auf Verständnis bei den Kolleg:innen. Aber sie ist froh, dass der Schuldirektor Dr. Wesensfels überhaupt zugestimmt hat, dass sie Teil des Schulleitungsteams werden konnte. Es ist das erste Mal in der Geschichte des Gymnasiums, dass eine Schulsozialarbeiterin in der Schulleitung involviert ist, obwohl die Schulsozialarbeit an diesem Gymnasium schon eine lange Tradition hat. Ein wichtiger Anstoß für diese Neuerung war die politische Willenserklärung der Stadt, die Bildungslandschaft der Kommune zu verbessern und dabei insbesondere die Vernetzung der Schulen zu fördern.

161 Vgl. auch Kap. 3.3.4 und 3.3.6.

Christa Wolf hat mit ihrem Kollegen Bernhard Klein abgesprochen, dass das Gymnasium die Berufsorientierung deutlich verbessern und ein aktuelleres und moderneres Angebot hierfür entwickeln soll. Gemeinsam haben sie erste Ideen gesammelt und die Schulsozialarbeiterin hat nach der Recherche bereits bestehender Angebote und Kooperationen Kontakt zu verschiedenen freien Trägern der Jugendsozialarbeit aufgenommen, die viel Erfahrung im Bereich Berufswahlorientierung haben und bereit wären, ihre Angebote für die Gymnasiast:innen anzupassen. Heute stellt sie die Ergebnisse dieser Gespräche im Schulleitungsteam vor und spricht in Absprache mit Bernhard Klein Empfehlungen für bestimmte Angebote aus. Dabei legt sie die Kriterien offen, nach denen sie mit ihrem Kollegen die Angebote bewertet hat.

Bei der Schulsozialarbeit handelt es sich um ein sehr komplexes Handlungsfeld Sozialer Arbeit, in dem täglich eine Vielzahl an Themen, Problem- und Fragestellungen auftauchen. Anders als in weitestgehend spezialisierten Handlungsfeldern, wie z. B. der Suchthilfe, dem Krankenhaussozialdienst, der Jugendgerichtshilfe oder der Schuldnerberatung müssen die Schulsozialarbeiter:innen fachlich sehr breit aufgestellt sein und den Zielgruppen als Generalist:innen zur Verfügung stehen. Daher ist es immer wieder angezeigt, bereits in den Phasen von Anamnese und Diagnose weitere Expert:innen mit einzubeziehen bzw. die Kinder und Jugendlichen oder deren Erziehungsberechtigten zur weiteren Beratung an diese zu vermitteln.

3.1.7 Supervision und Coaching

Nach Galuske gehört die Supervision zu den indirekt interventionsbezogenen Methoden, deren Zielgruppe nicht die Klient:innen Sozialer Arbeit, sondern die Professionellen selbst sind. „Mit Supervision wird die Hoffnung verbunden, dass der Sozialarbeiter, indem er in einem geschützten und methodisch strukturierten Rahmen unter fachkundiger Anleitung über seine Arbeit reflektiert, seine berufliche Kompetenz erweitern kann und zugleich vor den Belastungen psychosozialer Arbeit durch Helfersyndrom, Burnout u. a. geschützt wird."[162]

Gerade die oben beschriebene Vielschichtigkeit in der Praxis von Schulsozialarbeit und die dadurch entstehenden Belastungen legen nahe, dass es für jede sozialpädagogische Fachkraft in diesem Handlungsfeld sinnvoll und notwendig ist, sich regelmäßig mittels Supervision mit dem eigenen professionellen Handeln reflektierend auseinanderzusetzen. Entsprechend

162 Galuske 2011, S. 338.

formulieren viele Träger von Schulsozialarbeit bereits in Stellenausschreibungen zur Schulsozialarbeit explizit das Angebot von Supervision für die Fachkräfte.

Neben der Beratungskompetenz scheint es gerade für die Schulsozialarbeit wichtig zu sein, dass der Supervisor oder die Supervisorin über ausreichend Feldkompetenz, d.h. theoretisches und erfahrungsbasiertes Wissen in der Schulsozialarbeit, verfügt.[163] Zweitrangig und in erster Linie abhängig von Ressourcen und eigenen Vorlieben ist die Wahl des Settings.

3.2 Sozialpädagogische Gruppenarbeit, Projekte und Arbeit mit Schulklassen

Dieses Aufgabenfeld umfasst alle Angebote der Schulsozialarbeit, die sich an Gruppen richten: ganze Klassen, Jungen- oder Mädchengruppen, Schülerräte, Schülermitverwaltung, thematische oder anlassbezogene Arbeitsgemeinschaften und Projektgruppen. Die meisten der Angebote in diesem Aufgabenfeld haben eine explizit präventive Ausrichtung. Sie dienen dazu, in der direkten Arbeit mit den Kindern und Jugendlichen dazu beizutragen, dass bestimmte Problemlagen gar nicht erst entstehen.

Zu den Themen, die – entsprechende Ressourcen vorausgesetzt – bei nahezu allen Schulsozialarbeiter:innen in irgendeiner Form in den Konzepten zu finden sind, zählen

- Programme zum sozialen Lernen bzw. zum Training sozialer Kompetenz,
- Angebote zur Gewaltprävention,
- Suchtprophylaxe,
- Medienkompetenz,
- Berufsorientierung und Lebensplanung,
- Demokratieerziehung.

Vor dem Hintergrund der in den letzten Jahren verstärkt geführten Diskussionen um Heterogenität und Diversität – sei es z. B. mit Hinblick auf Menschen mit Behinderung oder Kinder und Jugendliche mit Fluchterfahrung – wurden weitere Angebote und Projekte entwickelt, die hier unter dem Titel „Interkulturelle Kompetenzen stärken – Raum für Identitätsfindung bieten"

163 Viele Supervisor:innen weisen dies mittlerweile explizit aus, siehe beispielsweise auf der Website der Deutschen Gesellschaft für Supervision (www.dgsv.de). Manche Fachverbände, wie das Netzwerk Schulsozialarbeit Baden-Württemberg, führen entsprechende Listen für ihre Mitglieder.

angesprochen werden. Häufig handelt es sich bei Angeboten der sozialpädagogischen Gruppenarbeit, Projekten und Arbeit mit Schulklassen um fest in den Schulcurricula verankerte und damit kontinuierlich angebotene Elemente sozialpädagogischer Arbeit. Sie werden in der Regel gemeinsam mit Lehrer:innen verantwortet und durchgeführt.

Noch im Jahr 2001 konstatierte Drilling in seinem Ausblick zur Entwicklung der Schulsozialarbeit, dass zwar „für die Einzelfallhilfe fundierte Handlungskonzepte zur Verfügung stehen. Dagegen fehlen präventive und interventive Handlungskonzepte, die auf die Arbeit mit der Gleichaltrigengruppe auch aus geschlechtsspezifischer Sicht abzielen."[164] Doch gerade hier hat sich in den letzten 20 Jahren vieles getan. In der Praxis und aus ihr heraus haben sich vielfältige methodische Ansätze und Handlungskonzepte entwickelt, von denen im Folgenden nur eine kleine Auswahl aufgezeigt werden soll.

3.2.1 Training sozialer Kompetenz

Die Entwicklung sozialer Kompetenzen von Kindern und Jugendlichen ist in den letzten Jahren verstärkt als ausdrückliches Ziel in die Bildungspläne für die Schulen in Deutschland aufgenommen worden.[165]

Beispiel Baden-Württemberg: „Der Bildungsplan fördert Sachbildung. Sein grundlegendes Interesse gilt jedoch der Förderung von Identitätsbildung. Es geht um soziale und politische Bildung sowie besonders um persönliche Bildung. Im Blickpunkt steht beispielsweise die Entwicklung von Ich-Stärke, Durchhaltevermögen, Selbstwertgefühl, Empathie, Humor, Zivilcourage sowie von religiösen und ethischen Werten."[166] Wer sein Leben erfolgreich meistern will, braucht die Fähigkeit, mit Konflikten konstruktiv umzugehen und sich in eine Gemeinschaft integrieren zu können genauso wie Mathematik, Deutsch und Englisch.

Unter anderem gehört dieser Bereich zu den Schnittpunkten zwischen Schul- und Sozialpädagogik. Wie Spies/Pötter herausgearbeitet haben, sind diese Ziele, die nur gemeinsam erreicht werden können, wichtige Voraussetzungen für eine gelingende Kooperation.[167]

---

164 Drilling 2001, S. 144.
165 Einen Überblick über die Bildungspläne in Deutschland findet sich im Internet unter www.bildungsserver.de/Bildungsplaene-der-Bundeslaender-fuer-allgemeinbildende-Schulen-400.html.
166 Ministerium für Kultus, Jugend und Sport Baden-Württemberg 2012, S. 8; Hervorhebung N.P.
167 Spies/Pötter 2011, S. 29 ff. und S. 37 ff.

Zur Förderung sozialer Kompetenzen findet sich einiges an Literatur auf dem Markt. Einzelne Programme bzw. Trainingsmanuale haben sich als besonders wirksam herausgestellt und werden häufig eingesetzt. Beispiele sind[168]

- Sozialtraining in der Schule (nach Petermann),
- PAGS – Unterrichtsmaterialien zur Prävention von Aggression und Gewalt an Schulen,
- Präventionsprogramm für soziales Lernen in der Schule (nach Lerchenmüller),
- Gewaltpräventionsprogramm nach Olweus,
- Faustlos – ein Programm des Heidelberger Präventionszentrums,
- Konzept „Erziehende Schule",
- Civic Education,
- Lions-Quest International Programm „Erwachsen werden – Persönlichkeitsentfaltung von Jugendlichen",
- Kompetenztraining „FIT FOR LIFE",
- Fit und stark fürs Leben,
- Gewaltfreier Umgang mit Konflikten/Streitschlichtung für jüngere Schülerinnen und Schüler,
- Konflikte gewaltfrei lösen. Medien- und Alltagsgewalt: Ein Trainingsprogramm für die Sekundarstufe I (nach Kleber),
- Konflikt-KULTUR (AGJ-Fachverband).

Ein Nachteil vorgefertigter Konzepte ist neben teils hohen Literatur-, Lizenz- und Materialkosten eine begrenzte Flexibilität und die Gefahr, dass diese eher „technisch" im Sinne einer Gebrauchsanweisung angewendet werden.

Doch zeichnet sich professionelle Schulsozialarbeit gerade dadurch aus, dass sie flexibel und kreativ auf unterschiedliche Bedürfnisse, Bedarfe und Bedingungen einzelner Klassen und deren Individuen reagieren kann. Als Grundlage und „Baukasten" sind die Programme jedoch durchaus hilfreich.

Gemeinsam haben sowohl die Programme als auch die individuellen Lösungen, dass sie für Schulsozialarbeiter:innen konkrete Übungen und Trainingsansätze darstellen, mit Hilfe derer sie sich dem eher abstrakten Themenkomplex „soziale Kompetenz" praktisch annähern können. Eine Grundvoraussetzung, um diese gezielt fördern zu können, ist die Verständigung darauf, was unter sozialer Kompetenz verstanden wird. In dem von

168 Vgl. hierzu auch LISUM 2006.

Volker Heyse und John Erpenbeck entwickelten KompetenzAtlas für Jugendliche sind 16 einzelne Teilkompetenzen beschrieben, die zur Kompetenzgruppe „sozial-kommunikative Kompetenz" zusammengefasst werden:[169]

- Konfliktlösungsfähigkeit,
- Integrationsfähigkeit,
- Teamfähigkeit,
- Dialogfähigkeit,
- Werbetalent,
- Problemlösungsfähigkeit,
- Experimentierfreude,
- Beratungsfähigkeit,
- Fähigkeit zur Beziehungsgestaltung,
- Fähigkeit zur Zusammenarbeit,
- Kommunikationsfähigkeit,
- Anpassungsfähigkeit,
- Verständnisbereitschaft,
- Sprachgewandtheit,
- Pflichtgefühl,
- Gewissenhaftigkeit.

Wenn wir davon ausgehen, dass Kompetenzen Handlungsfähigkeiten sind, um offene Problemsituationen selbst organisiert und kreativ zu bewältigen, dann sollten Schulsozialarbeiter:innen in einem Sozialkompetenztraining schauen, dass sie in diesem möglichst viele derartige Situationen initiieren. Kompetenzen können nicht wie Faktenwissen gelehrt werden, sondern können nur von jedem/jeder Einzelnen selbst entwickelt werden – wenn er oder sie den entsprechenden Rahmen dafür hat. Nach Heyse/Erpenbeck liegt „der Schlüssel zur Kompetenzentwicklung [...] in deutlich emotions- und motivationsaktivierenden Lernprozessen."[170]

Bei einem Elternabend der Klasse 5b im November zeigt Schulsozialarbeiterin Susanne Fuchs zusammen mit den beiden Klassensprecher:innen Eileen und Felix Bilder der dreitägigen KennenLernTour, welche die Klasse kurz zuvor unternommen hatte. Viele Eltern sind gekommen, um sich über den Abschluss des ersten Bausteins des Trainings sozialer Kompetenz zu informieren. Die 23 Schüler:innen, ihr Klassenlehrer

169 Vgl. Heyse/Erpenbeck 2009, S. XV.
170 Heyse/Erpenbeck 2009, S. XXII.

Manfred Jehle und die Schulsozialarbeiterin hatten den Aufenthalt in einem Gruppenhaus des CVJM auf der Schwäbischen Alb seit Beginn des Schuljahres geplant.
Neben der Auswahl der Unterkunft, der Organisation von Hin- und Rückfahrt, der Planung und der Einkäufe der Mahlzeiten sowie den Vorbereitungen für das Programm kümmerten sich die Mädchen und Jungen auch um die Finanzierung. Und das weitestgehend selbst. Die Erwachsenen standen beratend zur Seite.
Trotz einiger Konflikte und mancher Heimwehtränen – einige waren das erste Mal ohne Eltern unterwegs – sind sich alle Kinder einig: „Das waren drei super Tage!"

In der fünften Klasse kommen Kinder aus unterschiedlichen Grundschulklassen zusammen. Neben der ersten Orientierung in einer neuen Schulart und den häufig damit verbundenen Unsicherheiten geht es für sie vor allen Dingen darum, möglichst bald zu einer neuen Klassengemeinschaft zusammenzuwachsen.

Dort, wo Schulsozialarbeit personell entsprechend ausgestattet ist und somit ausreichend Ressourcen für die sozialpädagogische Arbeit mit Schulklassen vorhanden sind, sind die sozialpädagogischen Fachkräfte meist wichtige Begleiter:innen dieses schulischen Neubeginns. Sie entwickeln passgenaue Handlungskonzepte für soziales Lernen und setzen diese gemeinsam mit Lehrer:innen in Trainings sozialer Kompetenz um.

Das hier näher beschriebene Fallbeispiel besteht aus drei Bausteinen bzw. Trainingsphasen:

1. Das Kennenlernen, d.h. die Regelfindung und das gemeinsame Vorbereiten und Erleben der KennenLernTour,
2. das Erarbeiten der Teilbereiche sozialer Kompetenz und die Durchführung systematischer Trainingseinheiten,
3. die Anwendung der entwickelten Kompetenzen.

Der erste Baustein startet mit Beginn des fünften Schuljahres und dauert etwa acht Wochen. Nach den Weihnachtsferien beginnt für die Schüler:innen der zweite Baustein, welcher etwa bis Ostern (zehn Wochen) dauert. Neben der Reflexion und bewussten Anwendung des Gelernten im Unterrichtsalltag finden im zweiten Schulhalbjahr der Klassenstufe fünf regelmäßig einzelne Trainingseinheiten statt, in denen die entwickelten Kompetenzen zur Anwendung kommen.

Zunächst sieht es für die Mädchen und Jungen der Klasse 5b kinderleicht aus: Schulsozialarbeiterin Susanne Fuchs teilt die Klasse zu Beginn der heutigen Trainingseinheit zum Thema „Kommunikation" in vier Gruppen mit jeweils sechs Schüler:innen ein und gibt jeder Gruppe ein Aufgabenblatt:
„Baut eine Brücke über den etwa zwei Meter breiten Bach an der Schule. Jeder von euch soll die Brücke trocken überqueren können. Verwendet nur folgendes Material: 15 Meter Seil, zwei Holzbalken von jeweils 1,5 Meter Länge, ein Handbohrer und drei lange Schrauben. Beachtet in eurer Gruppe beim Bau, dass nur die beiden Jüngsten die Holzbalken berühren dürfen, Löcher nur von Mädchen gebohrt werden und Schrauben nur von Jungen berührt werden dürfen. Zwei Personen tragen während des Bauens Augenbinden (‚sind blind') und zwei dürfen nicht sprechen (‚sind stumm'). Ihr habt 60 Minuten Zeit. Viel Erfolg!"

Die Frage, wie Menschen miteinander kommunizieren und welche konkrete Bedeutung gelingende Kommunikation für die Kinder und Jugendlichen einer Klasse hat, ist zentral, wenn es um die Förderung sozialer Kompetenz geht. Abhängig von den jeweiligen Gegebenheiten wählen Schulsozialarbeiter:innen unterschiedliche methodische Ansätze, um das Thema mit den Schüler:innen zu bearbeiten.

Sehr gut geeignet und daher recht häufig zu finden sind Interaktionsübungen und erlebnispädagogisch orientierte Aufgaben.[171] Die Jugendlichen werden hierbei allein, in kleinen Gruppen oder als Klasse mit einer für sie neuen Herausforderung konfrontiert. Die Trainer:innen geben einen eindeutigen Rahmen vor und es gelten zuvor klar definierte Regeln. Nun gilt es, dass sie sich intensiv mit der Aufgabe auseinandersetzen und eine Bearbeitungs- und Lösungsstrategie entwickeln. Dabei kommt es weniger auf das Ergebnis an als auf den Prozess.

Voller Begeisterung legen die Kinder los. Nur Julian und Dominik haben sichtlich keine Lust und setzen sich mit grimmigem Gesicht auf das Sofa in der Ecke. Das ärgert die anderen vier in ihrer Gruppe. Während Anne versucht, die beiden zu überzeugen, dass es ohne sie nicht geht, schimpft Peter: „Das ist doch immer dasselbe mit den beiden! Lass sie doch, die Penner!" Er schnappt sich das Baumaterial und will losziehen. Susanne Fuchs, die das Ganze zunächst nur beobachtet hat, kommt dazu: „Ich habe den Eindruck, dass ihr einen Konflikt in eurem Team habt. Ist das

171 Galuske 2011, S. 251 ff. nennt die Erlebnispädagogik als eine eigene Methode der Sozialen Arbeit.

so?" „Nein, warum denn?", sagt Julian. „Mir fällt auf, dass ihr, Dominik und du, euch gleich auf das Sofa gesetzt habt. Anne und Peter scheinen damit nicht einverstanden zu sein." „Ja, genau! Die beiden lassen immer uns die Arbeit machen. Immer wenn sie nicht genau das kriegen was sie wollen." Schulsozialarbeiterin: „Was denkst du denn, was sie wollen?" „Julian und Dominik wollen beide nicht die Augenbinden nehmen." „Nö, will ich nicht. Ich bin doch nicht dumm! Dann laufe ich noch gegen einen Baum oder so. Oder der Peter stellt mir ein Bein." „Du sorgst dich also, dass du dir mit verbundenen Augen wehtun könntest?" „Ja." Schulsozialarbeiterin: „Das kann ich gut verstehen. Wie wäre es denn dann, wenn Julian und Dominik jeweils einen ‚Beschützer' bekommen?" Anne: „Ich passe auf dich auf, Julian." Marco: „Au ja!" Er geht zu Dominik, zieht in hoch und nimmt in freundschaftlich in die Arme. „Und ich bin Dominiks Schutzengel!"

Kinder und Jugendliche lassen sich im Allgemeinen schnell auf derartige Aufgaben ein. Man kann die Aufgabe („Brückenbau") in eine spannende, lustige und abenteuerliche Geschichte („Expedition durch das Amazonasgebiet") einbauen. So können sich die Mädchen und Jungen das Ganze besser vorstellen, sehen einen Sinnzusammenhang und gehen mit großer Ernsthaftigkeit daran, das Problem zu lösen, vor das sie gestellt wurden. Gerade aufgrund der Echtheit der Situation sind auch die Gefühle bei den Beteiligten „echt". Und so kann es durchaus sein, dass es zu heftigen Konflikten kommt und die Beziehungen, die die Teilnehmer:innen untereinander haben, schnell offengelegt werden.

Hier sind dann die Erwachsenen, Schulsozialarbeiter:innen und Lehrer:innen als pädagogische Fachkräfte gefordert. Sie bieten sich den Kindern und Jugendlichen an, ohne sich aufzudrängen: vermittelnd, schützend, fragend, anregend, spiegelnd, provozierend. Hierbei machen sie immer wieder deutlich, in welcher Rolle sie gerade sprechen: als Spielleiter:in, als Mediator:in, als Regelsetzer:in, als Berater:in, als Sicherheitsverantwortliche:r …

Die Kinder und Jugendlichen lernen durch das eigene Erleben. Die gemachten Erfolgs- und Misserfolgs-Erfahrungen, die Gefühle in der konkreten Situation und die Rückmeldungen der Erwachsenen werden internalisiert und dienen als Matrix in wiederkehrenden ähnlichen Situationen.

„Komm, gib mir deine Hand, ich halte dich!", sagt Marco und streckt sich über das Ufer hinaus Julian entgegen. Dieser kann aufgrund der Augenbinde nichts sehen, hat dafür aber in der letzten Stunde seinen Hör- und Tastsinn enorm geschärft. Unglaublich für ihn selbst, dass er auch ohne zu sehen so vieles um ihn herum genau wahrnehmen kann.
Langsam tastet er sich zentimeterweise über den Holzbalken voran. Seine rechte Hand hält das auf Kopfhöhe gespannte Kletterseil, die Linke tastet in Marcos Richtung. Am Ufer warten die Mitglieder seines Brücken-Teams, die anderen Mitschüler:innen seiner Klasse, sein Klassenlehrer und Schulsozialarbeiterin Susanne Fuchs auf ihn. Als Julian den letzten Schritt ans Bachufer setzt und damit alle erfolgreich die Aufgabe erfüllt haben, ist der Jubel groß. Die Schüler:innen hüpfen, lachen, klatschen und fallen sich in die Arme. Auf einen Schlag ist die Anspannung weg. „Wir haben es geschafft!"

Je häufiger Kinder und Jugendliche in der Gemeinschaft dieses Gefühl des Stolzes, der Zufriedenheit, der Erleichterung und der Freude erleben, desto größer wird ihr Selbstvertrauen und das Vertrauen in die Beziehungen zu anderen Menschen. Das sind zwei Schlüsselmomente sozialer Kompetenz, die Schulsozialarbeit durch gezielte sozialpädagogische Trainingsangebote unterstützen kann.

Selbstverständlich sollte es nicht so sein, dass die Schulsozialarbeit in der Schule allein für das soziale Lernen, für die Förderung sozialer Kompetenzen zuständig ist. Wirken kann ein solches Training sozialer Kompetenzen nur, wenn die dort angesprochenen und erlebten Themen auch im Unterrichts- und Schulalltag auftauchen und auch von den Lehrer:innen immer wieder bewusst gemacht werden. Und idealerweise werden auch die Eltern als Erziehungspartner:innen von Beginn an und so oft wie möglich „mit ins Boot" genommen.

3.2.2 Klassenrat

„Eine der besten Möglichkeit für einen Klimawandel in Schulen und für gelebte Demokratie ist die Schaffung einer Plattform, um über Probleme in der Klasse zu sprechen, um das Gemeinschaftsgefühl zu stärken und eine demokratische Grundhaltung und kommunikative Kompetenzen zu fördern. Eine wunderbare Möglichkeit dazu bietet der Klassenrat."[172] So begründet eine 19-jährige in der Schülervertretung engagierte Schülerin den Klassenrat.

172 Winter 2009, S. 1.

Hierbei handelt es sich um ein lebendiges, basisdemokratisches Selbstbestimmungsorgan einer Schulklasse, welches ursprünglich von Célestin Freinet[173] erdacht wurde, um seine Kooperativen ähnelnden Klassen zu organisieren. Die Idee hat in den letzten Jahren zunehmend Verbreitung gefunden, und auch wenn der Klassenrat keine spezifische Methode der Schulsozialarbeit darstellt, sind es doch häufig die sozialpädagogischen Fachkräfte, welche die Einführung des Klassenrats an Schulen anstoßen.

Es gibt mittlerweile einige Konzepte und Literatur zum Thema.[174] Gemeinsam ist den Konzepten, dass der Klassenrat nach einem klar strukturierten Ablauf regelmäßig einmal wöchentlich während einer Unterrichtsstunde stattfindet. Die Aufgaben der Moderation, der Führung der Rednerliste, des Protokollführens, des Überwachens von Zeit und Ruhe werden von den Kindern oder Jugendlichen selbst wahrgenommen, die Lehrkraft ist idealerweise nur beratend dabei.

Themen im Klassenrat können sein:

- Besseres Kennenlernen der Kinder/Jugendlichen untereinander,
- Planung von unterrichtlichen Projekten, Klassenfahrten, Ausflügen,
- Feedback-Runden Schüler:in-Schüler:in, Lehrer:in-Schüler:in, Schüler:in-Lehrer:in,
- Konflikte, die mehrere Personen betreffen,
- Beratung anderer inhaltlicher Themen, welche die ganze Klasse betreffen.

Es sollte vermieden werden, dass der Klassenrat als zusätzliche Unterrichtsstunde zur Vermittlung von Faktenwissen genutzt wird. Es handelt sich um das Gremium der Klasse selbst, weshalb auch die Kinder und Jugendlichen die Themen bestimmen und nicht die Erwachsenen.

Der Klassenrat bietet Schulsozialarbeiter:innen einen guten Zugang zu ganzen Klassen. Wenn diese beispielsweise an einzelnen Sitzungen beobachtend teilnehmen, haben sie die Möglichkeit, in kurzer Zeit einen realistischen Eindruck der aktuellen Gruppendynamik in einer Klasse zu erhalten. Dort, wo die Schulsozialarbeit über einen längeren Zeitraum kontinuierlich beratend am Klassenrat teilnimmt und, nach Rücksprache mit den verantwortlichen

---

173 Célestin Freinet war ein französischer Reformpädagoge und Begründer der Freinet-Pädagogik Mitte des 20. Jahrhunderts.

174 Einige Beispiele: Wilhelm-Kraft-Gesamtschule 2005, Winter 2009, Zinnowwald-Grundschule Berlin-Zehlendorf 2010 oder www.derklassenrat.de.

Schüler:innen, auch eigene Inhalte einbringt, unterstützt das zum einen die Beziehungsarbeit, zum anderen lassen sich so leicht sozialpädagogische Impulse in den Schulalltag einbringen.

3.2.3 Schülermediator:innen

An immer mehr Schulen werden Verfahren zur Konfliktbearbeitung eingeführt, bei denen Kinder und Jugendliche dazu ausgebildet werden, anderen jungen Menschen bei der Lösung ihrer Konflikte vermittelnd zur Seite zu stehen. Freiwillige Kinder und Jugendliche, üblicherweise der Sekundarstufe, werden nach einem abgestuften Konzept zu Schülermediator:innen[175] ausgebildet. Sie lernen ein auf wenige Regeln und Formen vereinfachtes Gesprächsführungskonzept kennen und können es bei der Regelung kleiner und mittelschwerer Auseinandersetzungen anderer Kinder und Jugendlicher anwenden.[176] Die bundesweite Auswertung entsprechender Mediationsprogramme an Schulen von Behn et al. aus dem Jahr 2006 zeigt, dass es für das Gelingen eines solchen Schülermediationsprogrammes wichtig ist, dass die Einführung des Mediationsprojektes sorgfältig vorbereitet wird und im Rahmen eines demokratischen und partizipativen Prozesses erfolgt.[177]

Auch hier gilt, dass es sich nicht um ein Handlungskonzept handelt, dessen Realisierung Sozialpädagog:innen vorbehalten ist. An vielen Schulen sind es engagierte Lehrer:innen, die derartiges einführen und die Kinder und Jugendlichen in ihrer Tätigkeit als Schülermediator:innen begleiten. An vielen Schulen ist die Schulsozialarbeit jedoch eine entscheidende Größe für den Erfolg des Mediationsprojektes. Häufig sind es Schulsozialarbeiter:innen, welche die jungen Menschen ausbilden, anleiten und als erwachsene Ansprechpartner:innen kontinuierlich zur Verfügung stehen. Die Einbindung von Schulsozialarbeiter:innen in das Mediationsprojekt ist also häufig hilfreich für das Gelingen des Projektes und stellt ein Qualitätskriterium dar.[178]

Sowohl bei Lehrer:innen als auch bei Schulsozialarbeiter:innen ist jedoch eine eigene Weiterbildung in Mediation unabdingbar, bevor die Ausbildung der Schüler:innen begonnen wird. Andernfalls besteht die Gefahr, selbst mit auftretenden Fragen und Störungen überfordert zu sein und dadurch die Jugendlichen nicht ausreichend auf ihre durchaus anspruchsvollen Aufgaben vorbereiten zu können. Sozialpädagogische Fachkräfte bringen, gerade

175 Für das hier Beschriebene werden unterschiedliche Bezeichnungen verwandt: Schülerstreitschlichter:innen, Konfliktlotsen, Konfliktengel, Streitlotsen, Streitschlichter-Buddys u. v. m.
176 Vgl. Bundesverband für Mediation e. V. 2002.
177 Vgl. Behn et al. 2006, zur Rolle der Schulsozialarbeit insbesondere S. 106 ff.
178 Vgl. ebd.

auch im Vergleich zu Lehrer:innen, aufgrund ihres Studiums bereits viele Kompetenzen mit. Neben Wissen und Qualifikation kommt es in der Mediation aber vor allem auch auf die Verinnerlichung der entscheidenden Werte, Normen und Ideen einer konstruktiven Konfliktbearbeitung an.

3.2.4 Medienpädagogische Angebote

Die sog. neuen Medien sind seit der COVID-19-Pandemie nicht mehr nur selbstverständlicher Teil unserer Lebenswelten, sondern auch Teil der erwartbaren Infrastruktur, d.h. der Besitz bestimmter Geräte, der Zugang zum Internet und die Kompetenzen, mit diesen Medien umzugehen, werden immer selbstverständlicher vorausgesetzt. Die Erfahrungen während der Lockdowns und in der Zeit der Schulschließungen bzw. des eingeschränkten Präsenzunterrichts haben zu einer Zäsur im Selbstverständnis vieler Bildungseinrichtungen geführt. Dies hat einerseits zu einem Innovationsschub geführt – kaum eine Schule bietet heute keine Lernplattform an –, gleichzeitig ist es wichtig, die nach wie vor bestehenden Gefahren und sozialen Unterschiede im Zugang und Umgang mit den neuen Medien nicht aus den Augen zu verlieren. Manche dieser Gefahren, die unter dem Begriff der digitalen Spaltung (Digital Divide Levels) zusammengefasst werden, sind während der Pandemie deutlicher zu Tage getreten als vorher, weil die erzwungene Umstellung einem landesweiten Experiment mit neuen Lernformaten gleichkam. Dabei wurde insbesondere deutlich, dass es nicht ausschließlich auf die Quantität vorhandener Hard- oder Software ankommt, sondern insbesondere auch um die Qualität des Umgangs mit diesen.

Laut der letzten JIM-Studie 2022[179] haben Jugendliche in den befragten Haushalten zu 99 % Zugang zu einem Handy oder Smartphone und 97 % zu einem Computer oder einem Laptop. 95 % der Jugendlichen haben ein eigenes Smartphone und 73 % einen eigenen Computer oder einen eigenen Laptop. Während der Anteil der Jugendlichen mit einem eigenen Smartphone im Vergleich zum Vorjahr erneut leicht gestiegen ist, ist der Anteil mit einem eigenen Computer oder Laptop leicht rückläufig[180] – vermutlich auch, weil in der Schule wieder ausschließlich in Präsenz unterrichtet wird. In der Ausstattung mit Geräten zeigt sich eine ungleiche Verteilung bei den Jugendlichen: „Jugendliche, die eine Haupt- oder Realschule besuchen, besitzen häufiger eine eigene Spielkonsole (66 %, Gymnasium: 57 %). Schüler*innen am Gymnasium haben hingegen häufiger eigene Computer/Laptops (77 %, Haupt- und Realschule: 68 %) und Tablets (55 %, Haupt- und

179 Medienpädagogischer Forschungsverbund Südwest 2022.
180 Ebd., S. 7.

Realschule: 44 %)".[181] Gymnasiast:innen sind demnach eher mit Geräten versorgt, die als Arbeitsgeräte in der Schule eingesetzt werden können, während Haupt- und Realschüler:innen eher mit Geräten ausgestattet sind, die in der Freizeit verwendet werden.

Interessant sind in diesem Zusammenhang auch die Erfahrungen der Schulsozialarbeiter:innen während der Schulschließungen im Rahmen der COVID-19-Pandemie: „Als Kontaktbarrieren werden hier besonders hervorgehoben: eine mangelhafte technische Ausstattung mit Endgeräten und weiteren technischen Bedingungen seitens der Klientel und der Schulsozialarbeiter:innen, das Alter (insbesondere Kinder von Grundschulen verfügen häufig nicht über eigene Geräte), sprachliche Benachteiligungen (vor allem von Kindern und Jugendlichen, deren Muttersprache nicht Deutsch ist) und andere Einschränkungen (etwa mit Blick auf Kinder und Jugendliche, die an Förderschulen lernen). Eine weitere Gruppe von schwer erreichbaren Kindern und Jugendlichen seien jene mit komplexen Einzelfallproblematiken und in schwierigen Lebensverhältnissen. Diese seien – auch im Zuge der sozialen Distanz – teilweise nicht niedrigschwellig ansprech- und unterstützbar."[182] Mit anderen Worten: Die scheinbar so gute Ausstattung von Kindern und Jugendlichen und deren Familien mit Geräten hat nicht verhindern können, dass es erhebliche Probleme während der Schulschließungen gab, bestimmte Kinder und Jugendliche zu erreichen.[183]

84 % der Jugendlichen gehen laut JIM-Studie täglich, weitere 10 % mehrmals pro Woche ins Internet.[184] Die wichtigsten Anwendungen sind für die befragten Jugendlichen WhatsApp mit 79 % der Nennungen, gefolgt von Instagram (31 %), TikTok (24 %) und YouTube (23 %). 19 % geben Snapchat und 12 % Spotify als wichtigste Apps an. Facebook wurde nur bei 10 % der Jugendlichen als ihre wichtigste Anwendung genannt.[185] Im Durchschnitt sehen sich Jugendliche täglich 82 Minuten Videos auf YouTube an und spielen durchschnittlich 109 Minuten pro Tag digital, am Wochenende sogar noch länger.[186] Auch wenn das Nutzer:innen-Verhalten bei einer Befragung

181 Ebd., S. 9.
182 Berndt et al. 2021, S. 7.
183 Möglicherweise zeigt sich hier auch eine Schwäche der JIM-Studien, die Kinder erst ab 12 Jahren, zu 57 % Gymnasiast:innen und zu 42 % Haupt- und Realschüler:innen befragt haben.
184 Medienpädagogischer Forschungsverbund Südwest, S. 16.
185 Ebd., S. 27.
186 Ebd., S. 37 und S. 50.

von Schulsozialarbeiter:innen vermutlich anders aussehen würde,[187] ist auch für sozialpädagogische Fachkräfte der private Gebrauch der neuen Medien in der Regel fester Bestandteil ihres Alltags. Dennoch ist es ein Unterschied, ob und inwieweit man für sich privat die digitalen Möglichkeiten nutzt oder ob man sich mit den jugendlichen Lebenswelten befasst. Worin besteht demnach die Aufgabe der Schulsozialarbeit, wenn es um die Nutzung digitaler Medien geht?

Der Kooperationsverbund Schulsozialarbeit hat sich in seiner letzten Publikation dem Thema Mediatisierung/Digitalisierung zugewandt. Im Jahr 2022 erschien eine über mehrere Jahre vorbereitete Publikation, die die Aufgaben der Schulsozialarbeit im digitalen Kontext beschreibt. In der Einleitung wird der Fokus der Aufgabenstellung zusammengefasst: „Es geht darum, z.B. die Verfügungsgewalt über die eigenen Daten zu behalten, einen bewussteren Umgang mit der eigenen Körperlichkeit und Gesundheit zu erlernen und zu pflegen sowie Selbstbestimmtheit und Kritikfähigkeit im Kontext einer zunehmend durch Künstliche Intelligenz (KI) bestimmten Umwelt zu fördern."[188] Die Autor:innen unterstreichen, dass junge Menschen die neuen Medien sehr unterschiedlich nutzen, „weshalb eine Diskrepanz zwischen Qualität und Quantität der Nutzung digitaler Medien zu konstatieren ist".[189] Denn Mediennutzung bedeutet nicht automatisch auch Medienkompetenz. Vielen Nutzer:innen ist nicht bewusst, wie das Internet funktioniert oder an welche Regeln man sich halten sollte, um sich selbst und andere vor Fehlinformationen, Hate-Speach, Datenmissbrauch, populistischer Stimmungsmache, Cyber-Mobbing, Radikalisierungen oder ungewünschtem Sexting zu schützen.

Stefanie wird sich mit ihm treffen! Am nächsten Tag wird Tom am Busbahnhof auf sie warten. Die Zwölfjährige ist sehr aufgeregt. Das Bild des Jungen auf ihrem Bildschirm sieht so süß aus.
Tom weiß eine ganze Menge über Stefanie. Oder besser gesagt über Kleine_Maus12, wie sie sich in dem Chat nennt, in dem er mit ihr die letzten 45 Minuten munter geplaudert hat. Er weiß, dass sie mit ihrer Mutter und ihrem kleinen Bruder in einem Mehrfamilienhaus am anderen Ende der Stadt wohnt. Sie hatte ihm über das Internet ein Bild von sich geschickt, auf dem sie mit ihrer Familie und ihrem kleinen Hund

187 In der Gesamtbevölkerung dominieren noch das Fernsehen und der Hörfunk, aber auch im Durchschnitt der Gesamtbevölkerungen werden schon 107 Minuten pro Tag im Internet verbracht; vgl. vom Orde/Durner 2017.
188 Kooperationsverbund Schulsozialarbeit 2022, S. 6.
189 Ebd., S. 9.

auf Mallorca zu sehen ist. Das war auch der Urlaub gewesen, in dem sie das erste Mal einen Jungen geküsst hatte. Den von ihr mit ihrem Handy aufgenommenen Film davon wollte er dann aber doch nicht unbedingt sehen. Und nun ist Tom mal gespannt, wie es weitergeht …

Solche oder ähnliche Geschichten kennen sicherlich viele Schulsozialarbeiter:innen aus Gesprächen mit Kindern und Jugendlichen. Völlig unbedarft erzählen sie, wie sie sich mit anderen in Online-Communities wie WhatsApp, TikTok, Snapchat, Instagram oder Facebook über die privatesten Dinge austauschen, private Fotos oder Videos hochladen und dabei vieles von sich preisgeben. Auch manches, bei dem sie sich im Nachhinein gewünscht hätten, es nicht einer unbestimmten Zahl völlig unbekannter Menschen mitgeteilt zu haben. Denn diese Informationen sind, einmal im Netz, nicht mehr zurückzuholen und werden häufig von anderen aufgegriffen, kommentiert und weiterverbreitet.

„Jeder siebte Jugendliche (14 %) musste bestätigen, dass über ihn schon einmal peinliche oder beleidigende Inhalte ins Internet gestellt wurden. […] Jeder Zehnte im Alter von 12 bis 13 Jahren (9 %) wurde auf diese Weise online beschimpft oder verleumdet. Ältere Jugendliche sind noch stärker betroffen (14 bis 15 Jahre: 18 %, 16 bis 17 Jahre: 14 %, 18 bis 19 Jahre: 16 %)."[190] Und wenn es besonders schlimm kommt, dann ergeben sich aus solchen Kommunikationen im Internet, die typischerweise in ihrer Form stark verkürzt ablaufen, handfeste Konflikte im „echten" Leben:[191] Immer wieder treffen sich Gruppen von Jugendlichen nach zuvor im Internet erfolgten Beleidigungen und Bedrohungen, um sich gegenseitig zu schlagen. Auch empfinden die Jugendlichen das Mobbing im Internet als schlimmere Form des Mobbings: 64 % der Jugendlichen stimmten in einer Untersuchung der Aussage zu: „Jemanden online fertig zu machen oder zu schikanieren, ist schlimmer als offline."[192]

Aber auch sexuelle Gewalt, sei es verbal oder physisch, kommt im und durch das Netz recht häufig vor, sowohl unter Jugendlichen als auch von Erwachsenen gegenüber Jugendlichen.

---

190 Medienpädagogischer Forschungsverbund Südwest 2011, S. 38.
191 „Die Grenzen zwischen analogen und virtuellen Räumen werden vielfach kaum noch wahrgenommen", Kooperationsverbund Schulsozialarbeit 2022, S. 5.
192 DIVSI U25-Studie 2014 zitiert nach vom Orde/Durner 2017.

Auch für Stefanie hätte es gefährlich werden können. Sie hatte sich schon überlegt und mit ihren Freundinnen beraten, was sie zu ihrem Date mit Tom anziehen solle und was sie ihrer Mutter als Ausrede erzählen würde, um nicht auf ihren Bruder aufpassen zu müssen.
Doch glücklicherweise heißt Tom tatsächlich gar nicht so und ist auch nicht der 14-jährige Realschüler, als der er sich ausgegeben hatte. In Wirklichkeit heißt Tom Charlotte König, ist 35 Jahre alt und die Schulsozialarbeiterin an Stefanies Schule.
Nur die Online-Kommunikation zwischen ihr und der Sechstklässlerin war echt. Sie fand statt im Rahmen des Projektes „fett im chat"[193], welches die Schulsozialarbeit für die beiden 6. Klassen organisiert hatte. Hierfür hatte sie vor einigen Wochen das Team des Web 2.0 Simulator genannten Planspiels kontaktiert und ihr Interesse an der Teilnahme an einem auf der Projekt-Website im Internet veröffentlichten Spieltermine geäußert. Daraufhin hatte sich einer der Administratoren bei ihr gemeldet, mit ihr die Rahmenbedingungen für die Teilnahme geklärt und ihr den Kontakt zu den anderen drei Schulsozialarbeiter:innen und Lehrer:innen vermittelt, die zeitgleich mit ihren Klassen online sein würden.

Die Erfahrung vieler Pädagog:innen lehrt, dass sich über vieles viel reden lässt und doch wenig bei den Kindern und Jugendlichen ankommt und von ihnen verinnerlicht wird. Je stärker aber die methodisch-didaktische Ausrichtung an deren Lebenswelt orientiert ist und das zu Lernende mit selbst gemachten Erlebnissen verknüpft werden kann, desto eher wird es dauerhaft internalisiert.

Ein Schlüssel für wirksame medienpädagogische Angebote, egal ob zum Thema Internet, Handynutzung, digitale Fotografie, Video oder Computer-(Online-)Spiele, ist, dass die Kinder und Jugendlichen in ihrer Art, mit dem Thema umzugehen, ernst genommen werden. Wenn die Auseinandersetzung mit Chancen und Risiken der von Jugendlichen ganz selbstverständlich genutzten Medien von Wertschätzung getragen wird und möglichst frei von moralischen Wertungen geschieht, steigt die Offenheit der jungen Menschen für die Hinweise der Erwachsenen. Und die Wahrscheinlichkeit, dass sich ihre Medienkompetenz steigert, ist größer.

193 Dieses Projekt gab es beim Kreisjugendring Böblingen und R3D, es wurde aber eingestellt. Ein sehr gutes und noch bestehendes Angebot zur Förderung der Online-Kompetenzen von Schüler:innen, Lehrer:innen etc. bieten die „Digitalen Helden": www.digitale-helden.de.

Am Nachmittag nach der dreistündigen Simulation in der zugriffsbeschränkten Online-Community spricht Schulsozialarbeiterin Charlotte mit den Jugendlichen zunächst ganz allgemein über deren Erfahrungen im Internet. Anhand der schriftlichen Auswertung vom Vormittag, die ihr der Administrator nach Spielende per E-Mail geschickt hatte, bespricht sie dann einzelne, aus ihrer Sicht kritische Situationen während des Projekts. Engagiert diskutieren die Jugendlichen über ihre Statements und die Reaktionen anderer Jugendlicher darauf.
Dann informiert Charlotte König darüber, dass insgesamt fünf der Personen im Chat keine Jugendlichen, sondern Sozialarbeiter:innen, Polizist:innen und Internetfachleute waren. „Was denkt ihr, wer eurer Chat-Partner war einer davon?" Tom wurde nicht genannt.
In anonymisierter Form berichtet sie von ihrem Kontakt zu Stefanie und sagt, dass sie erschrocken gewesen sei, welche ganz persönlichen Dinge sie innerhalb kürzester Zeit erfahren hatte. Stefanie sitzt sichtlich betroffen auf ihrem Platz und schweigt. Die Klasse diskutiert noch eine Stunde lang sehr offen, ehrlich und engagiert über Schein und Realität im Internet und die Folgen, die unvorsichtiges Medienverhalten für sie haben könnte.

Bisher sind wir eher auf die Gefahren und Probleme der digitalen und onlinebasierten Mediennutzung eingegangen. Allerdings sollte man sich ebenfalls bewusst machen, dass diese Medien auch Chancen bieten – auch für die Schulsozialarbeit. So kann sich die Schulsozialarbeit selbst online mit ihren Angeboten präsentieren und über das Online-Portal sehr niedrigschwellig Kontaktaufnahmen ermöglichen, oder die Jugendlichen auf hilfreiche Online-Angebote von Kooperationspartner:innen aufmerksam machen. Auch können onlinebasierte Spiele bei unterschiedlichen Themen eingesetzt werden, so gibt es inzwischen eine ganze Reihe von hilfreichen und spielerisch gestalteten Angeboten zum Thema Berufsorientierung und -wahl[194], aber auch Lernspiele in den Bereichen Deutsch, Mathematik, soziale Kompetenzen etc. und natürlich auch zum Thema Mediennutzung selbst. Es gibt Spiele, die die Kreativität fördern und sogar spezielle Onlinespiele, die sich mit Themen wie Flucht und Vertreibung (wie z. B. das Spiel „Last Exit Flucht", welches vom UNHCR entwickelt wurde) auseinandersetzen. Da die Computer- und Onlinespiele-Szene sehr schnelllebig und für jemanden,

---

194 Hierzu gehören z. B. die Angebote der Bundesagentur für Arbeit, der Fachstelle für Übergänge in Ausbildung und Beruf des Bundesinstituts für Berufsbildung (BIBB) unter www.ueberaus.de/lernangebote-berufsorientierung.php und Beroobi – Erlebe Berufe online unter www.beroobi.de/; darüber hinaus gibt es auch einige mädchenspezifische Angebote wie Lizzynet: www.lizzynet.de/wws/47455482.php, Serena: http://serena.thegoodevil.com/ oder Cybermentor für Mädchen in MINT-Berufen: www.cybermentor.de/ (Abruf 19.9.2023).

der oder die sich nicht ständig mit diesen Themen beschäftigt, auch sehr unübersichtlich ist, ist es gut, sich über Seiten die solche Spiele vorstellen und bewerten zu informieren und auszuwählen.[195]

3.2.5 Programme zur Gewaltsensibilisierung und Gewaltprävention

„Es hat noch nie eine gewaltfreie Schule gegeben und sie wird wahrscheinlich auch nie existieren. Aggressionen gehören zur menschlichen Grundausstattung und suchen sich ihre Bahnen. Die Aufgabe der pädagogischen Institution Schule besteht darin, den Aggressionen der ihr anvertrauten Schülerinnen und Schülern produktive Wege und feste Kanalisierungen zu eröffnen, um unakzeptable Gewalt einzudämmen."[196]

Für nahezu alle Schulsozialarbeiter:innen gehört die professionelle Beschäftigung mit Gewalt und Aggression selbstverständlich zum Berufsalltag: Streitereien unter Schüler:innen, „Spaßkämpfe" auf dem Pausenhof, Schmierereien auf der Toilette, Bedrohungen, Diebstähle und auch subtilere Formen der Gewalt durch Lehrer:innen, Schulleiter:innen oder Hausmeister:innen. Aggression zeigt sich auf unterschiedlichste Weise. Ihr zu begegnen und sie möglichst vermeiden zu können setzt zunächst voraus, dass man Gewalt als solche erkennt. Nicht erst seit den massiven Gewalttaten an Schulen in Erfurt, Emsdetten oder Winnenden rückt das Thema in den Fokus der Schulsozialarbeit als Handlungsfeld der Jugendhilfe. Sozialpädagog:innen und Sozialarbeiter:innen wissen um psychologische und soziologische Gewalttheorien[197] und haben jede Menge methodische Ansätze und Handlungskonzepte für die Schulsozialarbeit entwickelt und erprobt: auf der individuellen Ebene, auf der Klassenebene und auf der Schulebene.[198]

Ein Realschulrektor spricht: „Gewaltprävention ist ein großer Arbeitsbereich, in dem sich Schulsozialarbeit bewegt. Alles, was da getan wird – Gespräche im Einzelnen, mit Klassen, ob Projekte da sind, die Gesprächskultur, Konfliktmanagement und Ähnliches beinhalten – sind ja Gewaltprävention. Und

195 Dazu gehören z. B. die Onlineportale www.digitale-spielewelten.de, www.spieleratgeber-nrw.de, http://spielbar.de, www.klicksafe.de/themen/spielen/digitale-spiele/ und www.internet-abc.de (Abruf 19.9.2023).
196 Hurrelmann/Bründel 2007, S. 7.
197 Vgl. z. B. von Trotha 1997 oder Koloma Beck/Schlichte 2014.
198 Maßnahmen auf jeder dieser drei Ebenen sind ein zentrales Moment des von Dan Olweus entwickelten und derzeit im schulischen Kontext viel zitierten Interventionsprogramms, vgl. hierzu beispielsweise Bannenberg 2010.

wenn Schüler wissen, sie haben bei Problemen eine Anlaufstelle, dann ist das eine grundlegende Sache, die von vorneherein den Pegel von Aggression, von Aggressivität herunter setzt."[199]

Inzwischen sind viele gute Konzepte entwickelt worden, um gezielt Gewaltprävention mit Schüler:innen einzuüben. Diese Konzepte werden oft in Kooperation mit der Polizei umgesetzt oder auch manchmal von Polizeibeamt:innen selbst durchgeführt. Letzteres kann man durchaus kritisch sehen, da die Beamt:innen in der Regel keine pädagogische Ausbildung haben. Auf der anderen Seite nehmen die Kinder die Polizist:innen als Expert:innen wahr und ernst. Daher bietet es sich an, solche Angebote in Kooperation von Schulsozialarbeit und Polizei umzusetzen.

An dieser Stelle sei beispielhaft ein Programm kurz dargestellt, das von Frankfurt ausgehend seinen Weg in viele Schulen in Deutschland gefunden hat: das Training zur Handlungskompetenz in Gewaltsituationen „Cool sein – cool bleiben", das bereits 1998 von den beiden Mitarbeiter:innen des Frankfurter Kinderbüros Jutta Lederer-Charrier und Rüdiger Niemann[200] entwickelt wurde.[201]

> „Hey, du! Komm mal her!" „Was willst du, Alter?" Und – zack – ist Murat voll drin im Magnetfeld des Typs, der ihn da so schräg angemacht hat. Und darauf hat dieser gehofft.
> Jetzt kann der „Typ", der nun seine „Gangstermütze" abnimmt und dann sofort wieder Jasper Hönig heißt, den Mädchen und Jungen der 7. Klasse der Realschule nämlich sehr gut zeigen, wie sich typischerweise derartige Situationen im öffentlichen Raum entwickeln. Und dies ist das Ziel des dreitägigen Intensivtrainings, das der Schulsozialarbeiter wie in jedem Jahr in den beiden siebten Klassen durchführt. Es ist angelehnt an das Konzept „Cool sein – cool bleiben" des Frankfurter Kinderbüros.

Anders als in einem Anti-Aggressionstraining, Anti-Gewalttraining oder einem Programm zum Training von Selbstverteidigungstechniken geht es bei diesem bewährten Konzept um die Perspektive auf potenzielle Gewaltopfer, also letztlich um alle Kinder und Jugendlichen, und um die Stärkung

---

199 Kanzinger 2012 (Filmdokument).
200 Vgl. Lederer-Charrier/Niemann 2000.
201 Siehe auch www.coolsein-coolbleiben.de/

derer Handlungskompetenz in Gewaltsituationen.[202] Mögliche Täter:innen werden nicht angesprochen. Jugendliche sind aus Sicht der Entwickler:innen des Trainings „bei diesem Thema die eigentlichen Experten, weil Erwachsenen diese Formen von Gewalt im Alltag nicht oder nur wenig begegnen."[203]

Daher baut das Training didaktisch vor allem auf im Rollenspiel präsentierte Schlüsselsituationen auf, in denen der vom Schulsozialarbeiter oder anderen Erwachsenen gespielte „Typ" unterschiedlichste Provokationen an die Jugendlichen richtet, denen sie dann begegnen sollen.

„Wie verhalten sich Täter:innen? Welches Verhalten wird von Opfern erwartet?" Diese beiden Fragen stehen groß an der Tafel, als die Schüler:innen aus der Pause ins Klassenzimmer zurückkehren. Und das sind für die zweite Trainingseinheit auch die Schlüsselfragen, anhand derer Jasper Hönig den Mädchen und Jungen, die jetzt unbedingt weiter „so tolle Rollenspiele" machen wollen, das Prinzip erklärt, um das es in bedrohlichen Situationen und hier bei „Cool sein – cool bleiben" gehen soll: „Schüler/innen sollen Handlungsmuster erlernen, die einen sofortigen Ausstieg aus einer bedrohlichen Situation ermöglichen, indem sie das Magnetfeld verlassen, sich vom Täter entfernen und/oder Öffentlichkeit herstellen."[204] Und dann wird tatsächlich ganz praktisch geübt. Jeder soll mal drankommen, sich selbst in diesem geschützten Rahmen ausprobieren und in den Rollenspielen unterschiedlichste Situationen auf dem Schulhof, in der S-Bahn, auf dem Heimweg vom Sport oder auf einer Party nachempfinden.

Die vier Trainingseinheiten sind alle so aufgebaut, dass gemeinsam mit den Jugendlichen Antworten auf Schlüsselfragen erarbeitet, dabei zentrale Begriffe erläutert werden und ein formuliertes Prinzip möglichst bei allen Schüler:innen so verinnerlicht wird, dass sie, zumindest in den künstlichen Rollenspielsituationen, danach handeln können. Unterstützend kann im Training mit Filmszenen zu den einzelnen Themen gearbeitet werden, anhand derer die Situationen mit den Jugendlichen bearbeitet werden können.

---

202 Das Training eignet sich in Aufbau und Methodik auch hervorragend für die Arbeit mit älteren Jugendlichen oder Erwachsenen (beispielsweise für Vereinsjugendleiter). Einzelne Elemente wurden von der Schulsozialarbeit Ehningen auch in einem Vortrag und Workshop für Eltern mit dem Titel ZIVILCOURAGE erfolgreich verwendet.

203 Lederer-Charrier/Niemann 2000, S. 1.

204 Ebd., S. 15.

Jetzt wird es ernst für Timea. Den Typ im Klassenzimmer anzuschreien war anfangs noch schwierig für das Mädchen gewesen, funktionierte dann aber zunehmend besser. Doch jetzt steht sie einem ihr unbekannten jungen Mann gegenüber, den sie fünf Minuten zuvor zum ersten Mal in ihrem Leben sah. Und die beiden sind auch nicht mehr im Klassenzimmer, sondern auf dem Kinderspielplatz in der Nähe der Schule. Und der nicht gerade freundlich aussehende Mann kommt jetzt auch noch auf sie zu …
„Hau ab! Hau ab! Hau ab!", ruft die Dreizehnjährige immer lauter und geht dabei immer weiter zurück Richtung Straße. Er folgt ihr. Da dreht sie sich um und rennt davon. Er bleibt stehen. Geschafft!
Timeas Mitschüler:innen, Schulsozialarbeiter Jasper Hönig und die Jugendsachbearbeiterin des örtlichen Polizeireviers klatschen. Und auch „der Typ", es ist Manfred, ein Kollege des Schulsozialarbeiters aus einer Nachbarschule, grinst und nickt anerkennend. Nachdem das Mädchen selbst erzählt, wie sie sich in der gespielten und doch sehr realistischen Situation gefühlt hat – „Es ist viel schwerer hier draußen, wo es jeder hören kann, laut zu werden" – bekommt sie Feedback von ihren Mitschüler:innen und von den Erwachsenen. Und das fällt durchweg positiv aus. Timea hat sich verhalten, wie sie es trainiert hatte.

Im ursprünglichen Trainingskonzept „Cool sein – cool bleiben" nicht vorgesehen, aber in der Praxis der Schulsozialarbeit bereits mehrfach bewährt hat sich ein Livetraining, nachdem alle Übungseinheiten stattgefunden haben.

So machen die Schüler:innen der Friedrich-Kammerer-Schule Ehningen beispielsweise immer am letzten Tag einen vom Schulsozialarbeiter geplanten Spaziergang durch den Ort, auf Wegen und vorbei an den Stellen, die den jungen Menschen aus ihrem Alltag vertraut sind. Hierbei werden sie von einem der Polizeibeamten des örtlichen Polizeipostens begleitet, der mit den Schüler:innen auch einen „echten" Notruf an die Kolleg:innen absetzt. Einzelne Situationen, die den Jugendlichen aus dem Training im Klassenzimmer vertraut sind, werden nun nochmals mit Unterstützung eines unbekannten Erwachsenen simuliert und sie können sich selbst ihre erworbene Handlungskompetenz unter Beweis stellen.[205]

Befragungen älterer Jugendlicher und die gemeinsame Auswertung real auftretender Situationen zeigen, dass auch nach einigen Jahren noch jede Menge Schlüsselbegriffe von den Jugendlichen erklärt werden und viele

205 Vgl. hierzu auch Schulsozialarbeit Ehningen 2012b.

der Prinzipien aus dem Training in leider gar nicht so seltenen Bedrohungssituationen erfolgreich umgesetzt werden können. Hierzu trägt der erlebnisorientierte Ansatz des Trainings entscheidend bei.

3.2.6 Projekte zur Suchtprävention

Kenn Dein Limit, ALKgemeinheit, HaLT, Aktionswoche Alkohol, Be Smart – Don´t Start, NA TOLL! – dahinter verbergen sich unterschiedliche Aktionen, Projekte und Programme zur Suchtprävention mit Jugendlichen.[206] Einige davon lassen sich sehr gut im schulischen Kontext einsetzen.

An vielen Schulen macht Schulsozialarbeit Angebote im Bereich der Suchtprävention und bedient sich hierbei unterschiedlichster methodischer Ansätze. Ihnen gemein ist, dass sie sowohl Faktenwissen über legale und illegale Rauschmittel vermitteln als auch bei den Jugendlichen selbst ansetzen und mit ihnen über die psychosozialen Ursachen und Folgen von Sucht ins Gespräch gehen. Gerade in Bezug auf legale Drogen wie Alkohol und Nikotin wollen die sozialpädagogischen Fachkräfte diese nicht verteufeln, sondern die jungen Menschen für den schmalen Grat zwischen Genuss und Sucht sensibilisieren.

„Und was denkt Ihre Tochter darüber?", fragt Waldemar den Mann, der ihm und seinen Klassenkamerad:innen als Peter vorgestellt wurde. „Sie weiß nicht, wo ich derzeit lebe. Ich habe seit vielen Jahren keinen Kontakt mehr zu ihr. Ich schäme mich dafür", sagt der 42-Jährige, der aussieht, als sei er Ende Sechzig. Seit zwei Stunden sind die 18 Schüler:innen der Klasse 7 zusammen mit ihrer Klassenlehrerin und Schulsozialarbeiterin Gisela Meier zu Gast in dem Wohnheim der „eva Stuttgart". Hier leben 30 obdachlose Männer, die meisten von ihnen sind alkoholkrank und haben in ihrem Leben schon viele Drogen konsumiert. Sie werden betreut von Kranken- und Heilerziehungspfleger:innen, Ärzt:innen und Sozialarbeiter:innen.
Schon seit einigen Jahren organisiert die Schulsozialarbeiterin regelmäßig einen Vormittag in dieser sozialen Einrichtung und besucht diese mit den Mädchen und Jungen der 7. Klasse, um hautnah zu erleben, welche tiefen Spuren Alkohol- und Drogenmissbrauch im Leben von Menschen hinterlassen.
Der Leiter der Einrichtung empfängt sie und führt sie zunächst durch das achtstöckige Hochhaus am Rande eines Stuttgarter Stadtteils. Dann sitzen die Jugendlichen in Kleingruppen mit jeweils einem Bewohner

206 Vgl. hierzu auch Abstein/Gastiger 2012.

zusammen und dürfen diesem alle Fragen stellen, die sie interessieren. Gisela Meier ist jedes Mal wieder positiv überrascht, wie offen die Männer über ihr Leben, ihre Probleme und ihre Sucht sprechen.
Und auch die Jugendlichen werden sehr, sehr nachdenklich und sind sichtlich beeindruckt von dem, was sie gesehen, gehört und auch gerochen haben.

Gerade die Suchtprävention ist ein Themengebiet, welches sich aufgrund eines gut ausgebauten Netzes von Fachdiensten und Einrichtungen der Sozial- und Gesundheitshilfe hervorragend zur Kooperation mit eben diesem Arbeitsfeld Sozialer Arbeit eignet. Einige Träger und Einrichtungen bieten inzwischen auch Projekttage oder Programme in den Schulen an. Einige Schulen haben diese Angebote auch bereits als Teil ihres Schulprogramms fest installiert. Die Aufgabe für die Schulsozialarbeit besteht häufig eher darin, den aktuellen Bedarf einer Klasse und die Bedürfnisse der einzelnen Schüler:innen festzustellen und dann ein passendes Konzept (beispielsweise in Form einer Projektwoche) zu entwickeln bzw. zu organisieren. Bestenfalls geschieht dies gemeinsam mit den Lehrer:innen.

3.2.7 Berufsorientierung und Lebensplanung

Gerade die Schulsozialarbeit an Schulen der Sekundarstufe I (z. B. Mittel- bzw. Oberschulen, Werkrealschulen, Gemeinschaftsschulen)[207] hat in den letzten Jahren ihre Angebote im Themenfeld Berufsorientierung und Lebensplanung stark erweitert.[208] Nach Bolay et al. machen rund 70 % der von ihnen befragten Fachkräfte Angebote im Übergang Schule-Beruf.[209] Die hohe Zahl ist im Zusammenhang mit der verstärkten öffentlichen Problematisierung mangelnder Ausbildungsfähigkeit („Ausbildungsreife") und erhöhter Arbeitslosigkeit bestimmter Teilgruppen unter den Jugendlichen zu sehen (z.B. Jugendliche mit Migrationshintergrund, Jugendliche mit niedrigem oder gar keinem Schulabschluss, Jugendliche mit ungeklärtem Aufenthaltsstatus). Die Politik in Bund und Bundesländern hat sich des Themas angenommen und die Verwaltung hat mit einer Vielzahl an Programmen und Projekten reagiert. Als ausdrücklicher Auftrag der Schulen wurde die

207 Das Thema hat ebenso Relevanz für Gymnasien oder Berufsschulen. Letztere betreuen auch eine große Gruppe Jugendlicher, die noch nicht in einer Ausbildung untergekommen sind und/oder Jugendliche, die ihre Berufsorientierung noch nicht abgeschlossen haben. An den Gymnasien tut man sich nach wie vor schwer mit einer systematischen Berufs- und Studienorientierung. Nicht nur für Gymnasien, die eine hohen Anteil von Schüler:innen mit Migrationshintergrund haben oder in einem sozialen Brennpunkt verortet sind, gibt es hier ein wichtiges Handlungsfeld für die Schulsozialarbeit.
208 Vgl. zu diesem Thema auch Abschnitt 3.1.4.
209 Bolay et al. 2004, S. 62.

Förderung der Ausbildungsfähigkeit ihrer Schüler:innen und die Sicherstellung des Übergangs in die Berufsausbildung oder an weiterführende Schulen im Rahmen der Bildungspläne formuliert.[210]

Auf lokaler Ebene sind es in der Umsetzung häufig vor allem Schulsozialarbeiter:innen, die innovative Programme entwickeln, dabei außerschulische Partner:innen mit einbinden und in Kooperation mit Lehrerinnen und Lehrern die Angebote umsetzen. Wie diese konkret ausgestaltet sind, hängt dabei von den konkreten Rahmenbedingungen vor Ort ab.[211]

Berufsorientierung und Lebensplanung – diese beiden großen Themen sind für die Jugendlichen in Klasse 8 und 9 der Hauptschule das zentrale Thema. Seit 2004 haben in Ehningen das kommunale Jugendreferat und die Friedrich-Kammerer-Schule gemeinsam ein vielseitiges Programm entwickelt, mit der die Schülerinnen und Schüler umfassend auf den anstehenden Übergang von der Schule in den Beruf vorbereitet und ganz praktisch bei ihrer Zukunftsplanung begleitet werden.
Die Schulsozialarbeit ist Teil des Amts für Familie, Jugend, Senioren und Soziales der Gemeinde Ehningen und hat die Koordinationsfunktion für die Initiative FIT FOR JOB zur Berufsorientierung der Ehninger Hauptschüler:innen.[212] Bei den Schulsozialarbeiter:innen laufen die Fäden für die 15 einzelnen Module der Initiative zusammen. Neben der inhaltlichen Ausgestaltung einzelner Module, die federführend von ihnen durchgeführt werden, obliegt dem Schulsozialarbeits-Team vor allem die Pflege des Netzwerks mit einer Vielzahl von Partnerinnen (Unternehmen, IHK und Handwerkskammer, der Agentur für Arbeit, Eltern, ehrenamtlichen Pat:innen und anderen lokalen Akteur:innen), die Impulsgebung zur konzeptionellen Weiterentwicklung der Gesamtinitiative sowie der Dokumentation und Öffentlichkeitsarbeit.
Die Initiative FIT FOR JOB beginnt mit einer Klassenfahrt. Beim FIT FOR JOB-Workcamp verbringen die Schüler:innen eine Woche mit gemeinsamer praktischer Arbeit auf einem Bauernhof, in der Landschaftspflege, im Waldschulheim oder in einem sozialen Projekt. Neben dem praktischen

210 Vgl. Ministerium für Kultus, Jugend und Sport Baden-Württemberg 2012, S. 7.

211 Das folgende Beispiel wurde von Lachat (Schlesinger) bereits 2010 veröffentlicht. Zu weiteren praktischen Beispielen und theoretischen Hintergründen aus diesem Bereich vgl. Pötter 2014b.

212 2004 wurde das Progamm an der Schule eingeführt. 2008 und 2011 erhielt es das BoriS – Berufswahl SIEGEL. 2011 wurde in Ehningen außerdem das Programm „Wir schaffen Zukunft“ gestartet. Inzwischen sind die beiden Programme FIT FOR JOB und „Wir schaffen Zukunft“ in dem Programm FIT FOR JOB PLUS zusammengeführt worden, wodurch die Angebote nun allen Jugendlichen in Ehningen zur Verfügung stehen (vgl. FIT FOR JOB PLUS o. J., Abs. Ein Blick zurück).

Erfahren „echter" Arbeitsprozesse dient „der etwas andere" Schullandheimaufenthalt vor allem dem bewussten Erleben der eigenen Stärken und Schwächen.
Eine gezielte Analyse und Dokumentation der eigenen Fähigkeiten und Fertigkeiten (sowie entsprechender Entwicklungsbereiche) bildet mit dem zweiten Modul auch die Grundlage für alle weiteren Schritte im Berufswahlprozess. Der FIT FOR JOB-Ordner wird für die Schüler:innen zum ganz persönlichen Berufswahl- und Lebensportfolio.
Neben dem Erarbeiten einer eigenen Bewerbungsmappe geht es im ersten Halbjahr der 8. Klasse vor allem um das Kennenlernen verschiedener Berufe und Berufsfelder. Betriebsbesichtigungen, freiwillige Praktika, Berichte ehemaliger Schüler:innen und regelmäßige Kontakte zum Berufsberater bzw. zur Berufsberaterin ermöglichen den Schüler:innen einen realistischen Einblick in ganz unterschiedliche Berufe.
Während eines einwöchigen Filmprojekts setzen sich die Jugendlichen intensiv und sehr kreativ mit der Frage auseinander, wie sie ihr Leben nach dem Hauptschulabschluss gestalten wollen. Der fertige Film wird dann allen Schüler:innen in einer großen Hauptschulversammlung präsentiert. Ein ganz besonderer Moment!
Mit der Suche nach einem möglichen Ausbildungsplatz, weiteren Praktika und den ersten Vorbereitungen für die „heiße Phase" der Bewerbung beschäftigen sich die Schüler:innen im zweiten Schulhalbjahr in wöchentlichen FIT FOR JOB-Stunden. Ergänzend zu den thematischen Einheiten im Klassenverband bietet der Schulsozialarbeiter den jungen Menschen eine intensive Einzelberatung an.
Unterstützt werden die Schüler:innen in ihren Bemühungen zur Berufsorientierung auch von ehrenamtlichen Pat:innen. In den letzten Jahren haben nahezu alle Schüler:innen das Angebot eines erfahrenen Ehninger Erwachsenen angenommen, gemeinsam an Bewerbungen zu arbeiten, nach Stellen zu suchen und für das Vorstellungsgespräch zu üben.
Der „Kleine Knigge"-Kurs in einem Ehninger Sterne-Restaurant, die Bewerbungssimulation „FIT FOR JOB – Spiel des Lebens" und persönliche Rückmeldungen erfahrener Personalfachleute großer Unternehmen ergänzen das vielseitige Programm der Initiative FIT FOR JOB zu Beginn des neunten Schuljahrs.
Zum Abschluss der gemeinsamen Hauptschulzeit und im Rahmen des letzten FIT FOR JOB-Moduls gehen die Mädchen und Jungen am Ende ihres neunten Schuljahres nochmals gemeinsam auf Tour. Beim FIT FOR JOB-Projekt Abschlussfahrt planen die Schülerinnen und Schüler über ein Schuljahr hinweg eine einwöchige Klassenfahrt nahezu vollständig selbst. Lediglich die Rahmenbedingungen werden von den

begleitenden Schulsozialarbeiter:innen und den Klassenlehrer:innen gesetzt. Mit diesem Höhepunkt beweisen sich die Schüler:innen selbst, welche Kompetenzen sie sich an der Ehninger Schule erfolgreich erarbeitet haben.
Die Initiative FIT FOR JOB hat in den letzten Jahren maßgeblich dazu beigetragen, dass (fast) alle Schüler:innen einen Ausbildungsplatz oder einen Platz auf einer weiterführenden Schule erhalten haben. Entscheidend für den Erfolg war und ist dabei die verlässliche, wertschätzende und umfassende Kooperation aller Beteiligten. Durch eine transparente Kommunikation gelingt es in Ehningen, die unterschiedlichen Sichtweisen und die jeweiligen Stärken der Bildungspartner zusammen zu führen. So werden die Themen Berufsorientierung und Lebensplanung gemeinsam intensiv und erfolgreich mit den Jugendlichen bearbeitet.

In dem beschriebenen Beispiel aus Ehningen, einer Gemeinde in Baden-Württemberg mit rund 8.000 Einwohner:innen, koordinierte einige Jahre einer der beiden Schulsozialarbeiter die Initiative zur Berufsorientierung FIT FOR JOB. In dieser Zeit wurden die beschriebenen Module gemeinsam mit den Klassen- und Fachlehrer:innen, den Jugendlichen selbst, deren Eltern und einer Vielzahl außerschulischer Partner:innen (z. B. Ausbildungsbetriebe, ehrenamtliche Job-Pat:innen) entwickelt. Die Schulsozialarbeit ist nicht bei jedem der Module die ausführende Akteurin und nicht für jedes Modul im Detail verantwortlich. Sie trägt aber die Verantwortung dafür, dass die Inhalte den Jugendlichen in jedem Schuljahr aufs Neue vermittelt werden.

Inzwischen wurde das Programm unter dem Titel FIT FOR JOB PLUS weiterentwickelt und hinsichtlich Trägerstruktur und Zielgruppe ausgeweitet.[213]

Ziel der Schulsozialarbeit sollte es grundsätzlich sein, dass die Schule ein eigenes Berufsorientierungskonzept (BOK) entwickelt. Dabei ist entscheidend, dass Angebote im Gesamtprogramm der Schule fest installiert und nicht vom Engagement einzelner Lehrer:innen oder Schulsozialarbeiter:innen abhängig sind, sondern als gemeinsame und zentrale Aufgabe aller an der Schule arbeitenden pädagogischen Fachkräfte gesehen wird.[214]

3.2.8 Demokratie erleben

Die Erziehung von Kindern und Jugendlichen zu gemeinschaftsfähigen Persönlichkeiten (§ 1 SGB VIII) bedeutet in besonderer Weise, sie mit Demokratie vertraut und diese für sie erlebbar zu machen. Der Lebensort Schule

213 Ausführliche und aktuelle Informationen finden sich im Internet unter www.fitforjob.info.
214 Vgl. hierzu Pötter 2014b, S. 21 ff.

eignet sich hierfür besonders gut, da er von ausnahmslos allen künftigen Bürger:innen besucht wird und diese hier einen großen Teil ihrer Lebenszeit verbringen. Da gibt es viele unterschiedliche Interessen, Haltungen, Wertvorstellungen, Erfahrungen, Wünsche und Ziele. Eben so, wie es ist, wenn viele Menschen zusammen sind. Und diese Vielfalt muss von möglichst vielen gemeinsam aktiv gestaltet werden. Das bedeutet Demokratie.

Die Schüler:innenvertretungen haben gesetzlich geregelte Mitspracherechte bei der Gestaltung des Schullebens. So haben Kinder und Jugendliche bereits in der Schule die Möglichkeit, demokratische Beteiligung kennenzulernen. Dem Grundsatz der Partizipation folgend, sind es immer wieder Schulsozialarbeiter:innen, die darauf hinwirken, dass nicht nur gewählte Schülervertreter:innen, sondern möglichst alle Kinder und Jugendlichen an sie betreffenden Entscheidungen beteiligt werden und demokratische Prozesse für sie durch konkretes Handeln erlebbar werden. Dies kann sowohl in Bezug auf schulalltagsbezogene Entscheidungen relevant sein (z. B. wenn es um die Frage geht, ob für den Schulhof eine neue Nestschaukel angeschafft oder lieber das Klettergerüst erweitert wird) oder es kann sich auf politische Entscheidungen beziehen, sowohl auf kommunaler, Länder- oder Bundesebene (siehe z. B. die Jugendwahlen U18, die regelmäßig parallel zu den offiziellen Wahlen vom Deutschen Bundesjugendring durchgeführt werden).[215] Grundlage für Demokratie ist, dass die Kinder und Jugendlichen lernen, verantwortlich mit sich selbst und anderen umzugehen, dass sie die Freiheits- und Grundrechte kennen und dass sie Gelegenheit haben, Aushandlungsprozesse einzuüben. Letztlich heißt dies, ein gegenseitiges Verstehen zu ermöglichen „und damit die Basis zu schaffen für gelingende Integration und auf lange Sicht Inklusion“[216] aller.

Seit an den Schulen verstärkt Menschen mit Fluchterfahrung aufgenommen und integriert werden müssen, hat die Aufgabe „Demokratie erlebbar zu machen“ einen neuen Stellenwert in den Schulen bekommen, der aber leider oft nicht als solcher erkannt wird. Bei vielen entsteht der Eindruck, man müsse nun ganz neue Ideen und Konzepte in den Schulen umsetzen, und die Vorschläge konzentrieren sich nicht selten auf Sprachlern- und Integrationsangebote für die Kinder und Jugendlichen mit Fluchthintergrund. Beides ist wichtig, aber der Umgang mit Heterogenität im eigenen Lebensumfeld ist eben keine Aufgabe, die allein von den Zu-Integrierenden geleistet werden muss. Wenn wir etwas aus der Inklusionsdebatte der letzten Jahre gelernt haben, dann, dass Integration und Inklusion nur funktionieren, wenn die

215 Vgl. www.u18.org.
216 Lohn 2017, S. 97.

Diversität und Intersektionalität aller Menschen wahr- und angenommen werden kann und die damit verbundenen unterschiedlichen Bedarfe und Wünsche in den Aushandlungsprozessen zur Sprache kommen und dadurch auch Berücksichtigung finden können.[217] Im Umkehrschluss heißt dies auch, dass Diskriminierungen und Rassismus vorgebeugt werden müssen und dort, wo sie vorkommen, nicht verschwiegen oder tabuisiert werden dürfen, sondern offengelegt und damit für Diskussionen und Reflexionen zugänglich gemacht werden sollten.

3.2.9 Interkulturelle Kompetenzen stärken – Raum für Identitätsfindung bieten

Jünger weist zurecht darauf hin, dass „[e]ntgegen des allgemeinen Eindrucks […] die Diversität im Bildungssystem mit der Gruppe der neu zugewanderten jungen Menschen nicht eklatant zu[nimmt], sie bekommt lediglich eine neue Aufmerksamkeit".[218] Insbesondere werden nun verstärkt interkulturelle Kompetenzen von den Fachkräften gefordert. Aber was genau bedeutet dies? Sollen die Fachkräfte nun Wissen über die unterschiedlichen Herkunftsländer, Religionen und Kulturen ansammeln? Schirilla fragt kritisch: „Warum wird von einem kulturspezifischen Wissen (sofern es das gäbe) Sicherheit erwartet? Dient es nicht eher dazu, die Betoffenen davor zu bewahren, die „Anderen" zu befragen und mit ihnen zu interagieren? Kommt es nicht eher darauf an, miteinander zu kommunizieren?"[219] Interkulturelle Kompetenzen sind demnach vor allem Kommunikationskompetenz und Selbstreflexionsfähigkeit. Für die gemeinsame Verständigung ist es gut zu wissen, dass Wahrnehmungen, Gewohnheiten und Erwartungen an das Verhalten der anderen unterschiedlich sein können. Die systemisch-konstruktivistischen Ansätze in der Sozialen Arbeit können hier wertvolle theoretische Bezüge und Anregungen zur Reflexion über die Konstruktion von Wirklichkeit durch Menschen liefern.[220] Grundsätzlich gilt, Wahrnehmungen, Gewohnheiten oder Erwartungen sind nicht falsch oder richtig, sondern eben jeweils anders und auch veränderbar. Ein wichtiger Aspekt interkultureller Kompetenz ist auch, dass wir die eigene Verunsicherung aushalten, uns Fehler eingestehen können und dennoch handlungsfähig bleiben.

217 Intersektionalität verweist darauf, dass alle Menschen durch unterschiedliche Zu- und Nicht-Zugehörigkeiten gekennzeichnet sind, je nachdem, nach welchen Differenzlinien man unterscheidet. Intersektionalität macht zudem darauf aufmerksam, dass oft mehrere Differenzlinien in der Wahrnehmung des/der anderen wirksam sind und dadurch zusätzliche Diskriminierungen oder auch Bevorzugungen entstehen, die zum Teil wirkmächtiger sind, als die Differenzen je für sich genommen (z. B. Frau, schwarze Frau, schwarze und behinderte Frau).

218 Jünger 2017, S. 52.

219 Schirilla 2017, S. 88.

220 Vgl. z. B. Kleve 2010, Kraus 2002.

Der Umgang mit Diskriminierungen und Rassismus ist ein wichtiges Thema an Schulen (s. Kap. 3.2.8), egal, ob es um junge Geflüchtete, Schüler:innen mit Migrationshintergrund, Menschen mit Behinderung, Menschen unterschiedlicher sexueller Orientierungen oder um andere Gruppen geht. Im Grunde genommen müssen kommunikative Prozesse in Bezug auf Diskriminierungen ähnlich ablaufen, wie es im Kapitel 3.1.3 über die konstruktive Konfliktbearbeitung beschrieben ist. Und doch gibt es Besonderheiten, wie Foitzik herausstellt: „Der Umgang [mit Rassismuserfahrungen] scheint häufig geprägt von Bagatellisierungen („So schlimm wird das nicht sein"), Individualisierung („Das ist ein Einzelfall!"), Pathologisierung („Sei nicht so empfindlich!"), Verneinung („Das habe ich so nicht gesagt"), Dramatisierung („Die Meinungsfreiheit ist gefährdet") oder gar einer Opfer-Täter-Verdrehung („Du diffamierst mich!")".[221]

Nur selten werden solche Erfahrungen von den Jugendlichen selbst thematisiert, weil sie Angst vor den Reaktionen der anderen haben und sich nicht selbst durch entsprechende Äußerungen ausgrenzen wollen. Sie haben Sorge, die Beziehungen zu anderen, wie z. B. den Mitschüler:innen und Lehrkräften, zu beschädigen.[222]

Die Schulsozialarbeiterin Christa Schwarz sitzt mit einer Tasse Kaffee auf einer Bank im Schulhof der Berufsschule. Sie hat Pause und genießt die warme Herbstsonne. Zwanzig Meter weiter steht eine Gruppe ca. 17-jähriger Schülerinnen, die sie zum Teil persönlich, zum Teil nur vom Sehen kennt. Eine junge Frau mit Kopftuch spricht so laut, dass Christa einiges mitbekommt von ihrer Erzählung an die Freundinnen. „… und da hat die gesagt, das wollt ihr jetzt nicht so gerne hören, was? – Und ich habe nur gesagt, ich rede nicht mit Ihnen über meine politischen Ansichten. Das geht Sie nichts an." Die junge Frau schaut zu Christa hinüber und spricht etwas leiser weiter, sodass Christa nur noch Bruchstücke verstehen kann. Nach kurzer Zeit redet die Schülerin aber wieder genauso laut wie vorher. „… und ich wette mit Euch, wenn ich kein Kopftuch tragen würde, würde die mir bessere Noten geben. Die ist voll der Nazi." Christa ist irritiert über diese Aussage und geht nun langsam zu der Vierergruppe hinüber. Die Schülerinnen stellen ihr Gespräch ein, als sie Christas Kommen bemerken und versuchen, andere Themen aufzugreifen.

---

221 Foitzik 2017, S. 100 f., Hervorhebungen i.O. Der Autor spricht von Rassismus wenn „eine ethnisch, kulturell oder religiös definierte Gruppe von einer anderen Gruppe konstruiert und abgewertet wird und zugleich diese Gruppe in einer gesellschaftlichen Position ist, diese Abwertung auch in verschiedenen Formen der Diskriminierung wirksam werden zu lassen (Kalpaka/Rätzel 1990)", ebd., S. 103.

222 Vgl. ebd., S. 103 f.

„Entschuldigung, aber ich konnte gerade nicht überhören, worüber ihr geredet habt. Hallo, Finja", begrüßt Christa eine Schülerin, deren Namen sie kennt. Den anderen nickt sie freundlich zu. „Vielleicht habe ich ja auch was in den falschen Hals bekommen, aber habt ihr gerade über eine Lehrerin geredet?" Die Schülerinnen schauen verlegen weg. Christa spricht jetzt die junge Frau mit dem Kopftuch direkt an: „Was Du da gerade gesagt hast, ist ein ganz schön starker Vorwurf." Nach einer kurzen Pause fügt sie ruhig hinzu: „Und außerdem beschimpfen wir uns nicht gegenseitig an dieser Schule. Weder die Lehrerinnen noch die anderen Schülerinnen. Wenn Du Dich von jemandem ungerecht oder unangemessen behandelt fühlst, dann kannst Du gerne zu mir kommen und wir reden über die Sache." Die anderen Schülerinnen sind schon aufgestanden und drängen ihre Freundin, mitzugehen. „Tschüss … vielleicht kommst Du ja mal vorbei. Mich würde Deine Sicht auf das, was die Lehrerin getan oder gesagt hat sehr interessieren", verabschiedet sich Christa Schwarz.

Die Schulsozialarbeiterin reagiert in zwei Richtungen: Auf der einen Seite macht sie deutlich, dass sie Verleumdungen oder Beschimpfungen nicht duldet und erinnert die Schülerin daran, dass die Grundregeln eines fairen Umgangs miteinander auch für sie gelten. Gleichzeitig signalisiert sie der Schülerin, dass sie ihre Empfindungen und daran geknüpften Vorwürfe ernst nimmt und verbindet dies mit einem Gesprächsangebot.

Auch hier handelt es sich um einen Konflikt (wie im Kap. 3.1.3), allerdings mit etwas anderen Vorzeichen. Zum einen ist offenbar eine Lehrerin involviert, zum anderen geht es um Rassismusvorwürfe. Rassismus würden die meisten Lehrkräfte oder andere Mitarbeiter:innen der Schule weit von sich weisen, auch weil sie meist einen sehr eingeschränkten Rassismusbegriff haben.[223] Dennoch wäre auch hier eine Mediation ein guter Weg. Leider meldet sich die junge Frau aber nicht mehr bei der Schulsozialarbeiterin und ihre Kontaktaufnahmeversuche scheitern. Christa Schwarz nimmt das Beobachtete jedoch zum Anlass, in Absprache mit der Schulleitung ein interkulturelles Training für Lehrer:innen und andere pädagogische Fachkräfte an der Schule zu organisieren. Sie selbst nimmt auch teil.

Christa Schwarz und die Sozialkundelehrerin Birgit Mayer haben gemeinsam mit anderen Kolleg:innen an einer zweitägigen Fortbildung zum Thema interkulturelle Kompetenzen teilgenommen. Sie haben viele Informationen erhalten, z. B. über die Begriffe „Othering", „Kultur" und

223 Foitzik 2017, S. 101.

über die deutsche Migrationsgeschichte, und eigene Erfahrungen über einen spielerischen Zugang zum Thema machen können, indem sie z. B. mithilfe der Soziometrie Differenzen innerhalb der eigenen Gruppe verdeutlicht oder die eigene Wahrnehmung anhand von Rollenspielen getestet haben. Insbesondere Christa Schwarz war vieles vertraut und doch hat sie das Gefühl, dass sie einige Dinge nun noch klarer sieht. Auch Birgit Mayer hatte sich im Studium bereits ausführlich mit unterschiedlichen Kulturbegriffen auseinandergesetzt, fand aber die praxisbezogene Reflexion sehr anregend.

Häufig fehlt es den Schüler:innen im Schulalltag an Räumen zur Auseinandersetzung mit der eigenen Identität. Differenzen unter den Schüler:innen selbst, aber auch mit den Lehrer:innen kommen zwar ab und an zur Sprache in Aussagen wie: „Ich finde doch keinen Ausbildungsplatz. Die wollen niemanden mit Kopftuch." Oder: „Die Flüchtlinge nehmen uns die Wohnungen weg", aber eine echte Auseinandersetzung mit den dahinterliegenden Themen findet nicht statt. Vielmehr äußern sich Vorurteile in verbalen, zum Teil auch in körperlichen Auseinandersetzungen.

In unserem Beispiel entwickeln die beiden Pädagoginnen gemeinsam das Projekt „Wer bin ich? – Wer ich bin", welches sie gemeinsam im Rahmen des Sozialkundeunterrichts durchführen.

Die Schüler:innen lachen. Die Situation ist für sie ungewohnt. Alle stehen im Klassenraum an unterschiedlichen Stellen, je nachdem, wo jemand geboren wurde. In der Mitte stehen nur die, die in München selbst geboren wurden. Das sind immerhin fünf von den achtzehn Jugendlichen. Tische und Stühle sind zur Seite geräumt. Der Blick geht nicht zur Tafel, sondern ist auf die Mitschüler:innen gerichtet. Nach und nach werden alle gefragt, wo sie geboren wurden. Sechs sind zwar außerhalb von München, aber in Bayern geboren, zwei kommen aus anderen Bundesländern, die anderen sind in der Türkei, in Albanien, im Iran und zwei in Eritrea geboren. Aber jetzt müssen sich alle noch einmal bewegen: „Wo sind Eure Eltern geboren?" fragt Christa und ergänzt: „Geht von dem Elternteil aus, welches am weitestem weg geboren ist."
Nach einigem hin und her hat sich die Mitte des Raumes bis auf Maximilian vollständig gelehrt. Auch in Bayern sind insgesamt nur drei Jugendliche zu stehen gekommen. Alle anderen kommen von deutlich weiter weg.

Nach und nach erarbeitet sich die Gruppe nach den Fragen von Christa und Birgit ein differenziertes Bild der Gruppe. Mal bewegen sich Jugendliche aufeinander zu, mal voneinander weg. Manchmal kommen Laute des Erstaunens oder ungläubiges Lachen, wenn Schüler:innen sich woanders hinstellen als es die Kamerad:innen erwartet haben. So stellt sich heraus, dass Sam aus dem Iran kein Moslem, sondern ein Christ ist. Seine Eltern fühlten sich aufgrund ihrer Religionszugehörigkeit verfolgt und kamen deshalb über Umwege nach Deutschland. Bei Adea ist es umgekehrt. Sie ist Muslimin und ihre Eltern sind während des Jugoslawienkriegs aus Albanien geflohen, nicht, weil sie sich aufgrund ihrer Religion verfolgt fühlten, sondern weil ihr Dorf im Krieg komplett zerstört wurde. In Einzelarbeit erarbeiten die Schüler:innen anschließend ein soziodemografisches Profil von sich selbst in Posterform.
In Kleingruppen fragen sich die Jugendlichen anschließend gegenseitig, nicht, wer sie sind, sondern wie sie sind, also wie sie sich selbst als Person beschreiben würden. Melissa ist eine junge Muslimin, die Kopftuch trägt und normalerweise nicht viel im Unterricht sagt. Aber jetzt blüht sie richtig auf: „Ich bin gar nicht so brav, wie ich vielleicht aussehe“, lacht sie, als ihre Mitschüler:innen sie ungläubig anschauen. Gerade hat sie erzählt, wie sie mit ihren Freundinnen gerne Karaoke singt und sich dabei auch gerne wie die Sängerinnen kleidet und schminkt, die sie imitiert. Auf einem zweiten Poster schreiben die Jugendlichen ihre Eigenschaften, Wünsche und Bedürfnisse auf.

Die Schüler:innen kommen miteinander ins Gespräch, thematisieren Aspekte ihrer Person und ihrer Geschichte, für die sonst kein Raum ist. Da die Atmosphäre entspannt ist, trauen sich die Jugendlichen, auch Dinge zu fragen, die sie als kitzelig empfinden. Die Lehrerin und die Schulsozialarbeiterin erfahren ebenfalls viel Interessantes und für sie Neues, sowohl über die Jugendlichen selbst als auch über deren lebensweltlichen Bezüge.

Alle Porträts werden aufgehängt und die Jugendlichen dürfen voneinander Fotos machen, die sie auf die Porträts kleben. Abschließend thematisieren Christa und Birgit noch einmal die Bedürfnisse und Wünsche der Jugendlichen. Christa: „Schaut mal, fast alle von euch haben geschrieben, dass sie ihre Ausbildung schaffen wollen und viele, dass sie sich wünschen, in Sicherheit leben zu können.“ „Ich finde es interessant, dass kaum jemand noch andere grundlegende Bedürfnisse angesprochen hat“, sagt Birgit und fragt: „Was sind denn Bedürfnisse, die für alle Menschen gleich sind?“ „Ja, Essen natürlich. Und Kleidung und so.“ „Genau. Und man muss eine Wohnung haben und einen Beruf“. „Ja, aber auch Respekt", fällt Karim ein. „Respekt ist voll wichtig." Nach und nach kommen immer mehr gemeinsame Bedürfnisse zur Sprache. Die Jugendlichen diskutieren über einzelne Aspekte und was sie darunter verstehen. Christa und Birgit schreiben alle Stichworte auf ein großes buntes Blatt, welches sie in die Mitte der Porträts legen. „Ich glaube", sagt Christa, „ihr habt all das, was durch die Menschenrechtskonvention garantiert wird, noch einmal neu zusammengestellt".

Jede:r hat Anrecht auf eine Identität und auf seine/ihre Individualität. Dabei ist es vor allem auch wichtig, wie sich die Menschen selbst sehen. Fremdzuschreibungen können mit der eigenen Selbstwahrnehmung übereinstimmen, müssen es aber nicht. Gleichzeitig ist aber jede:r ein Mensch „wie jede:r andere auch". Interkulturelles Arbeiten erfordert sozusagen eine Gleichzeitigkeit der Wahrnehmung der Differenz (sie sollte nicht geleugnet werden und mögliche Auswirkungen der Differenz auf die Person in den Blick genommen werden) und der Nicht-Differenz, also des Gemeinsamen und der gegenseitigen Anknüpfungspunkte.

3.3 Innerschulische und außerschulische Vernetzung und Gemeinwesenarbeit

Schule ist sowohl ein für sich zu betrachtendes (funktionales) Gemeinwesen als auch Teil eines (territorialen) Gemeinwesens, einer Kommune. Und so gehört auch der „methodische Klassiker" Gemeinwesenarbeit selbstverständlich zum Handwerkszeug der Schulsozialarbeit.

Für viele fachliche Laien, und leider auch für viele sozialpädagogische Fachkräfte, ist es oftmals nicht gleich einsichtig, weshalb sich Schulsozialarbeit aktiv um die Vernetzung der Schule nach innen und außen und die Mitarbeit an der strukturellen Gestaltung des „Gemeinwesens Schule" kümmern soll.

Als Erklärung kann ein Bild dienlich sein: Ein Wasserhahn ist kaputt und tropft stetig vor sich hin. Jede Menge wertvollen Wassers geht hierbei verloren (Problemlagen, die durch die Rahmenbedingungen erst entstehen). Nun kann ich entweder dauerhaft und immer schneller Eimer holen, damit das Wasser auffangen und dieses dann nach und nach verwenden (z. B. durch Einzelhilfe und Beratung). Oder ich mache mich daran, passendes Werkzeug zu organisieren (Konzepte und Methoden der Gemeinwesenarbeit) und den kaputten Wasserhahn durch einen neuen, modernen und sparsamen zu ersetzen. Dann habe ich das Wasser, wann und in welcher Stärke und Temperatur ich es benötige (Ergebnisse einer erfolgreichen Schulentwicklung).

Dort, wo Schulsozialarbeiter:innen mit ihrer sozialpädagogischen Fachlichkeit an Prozessen der inneren und äußeren Schulentwicklung beteiligt sind, tragen sie – teilweise entscheidend – mit dazu bei, dass sich die Schule als Lebensort positiv verändert und bestimmte Problemlagen gar nicht erst entstehen.

3.3.1 Teamsitzungen und kollegialer fachlicher Austausch

„Schulsozialarbeiter sind Einzelkämpfer." Diesen Satz hört man häufig, wenn es darum geht, auf Schwierigkeiten in diesem Feld der Sozialen Arbeit hinzuweisen. Und sicherlich lässt sich so die Situation vieler Fachkräfte bundesweit anschaulich auf den Punkt bringen. Es ist bislang noch immer eher die Ausnahme als die Regel, dass mehr als ein Schulsozialarbeiter oder eine Schulsozialarbeiterin an einer Schule beschäftigt sind.[224] Umso wichtiger ist der kontinuierliche fachliche Austausch mit anderen Sozialarbeiter:innen bzw. Sozialpädagog:innen.

Die Gemeinde Ehningen beschäftigt für die kommunale Jugendarbeit drei hauptamtliche sozialpädagogische Fachkräfte. Zwei Schulsozialarbeiter und eine Sozialpädagogin für die gemeinwesenorientierte und offene Jugendarbeit. Als separate Fachbereiche im Amt für Familie, Jugend, Senioren und Soziales werden die Schulsozialarbeit sowie die gemeinwesenorientierte und offene Jugendarbeit jeweils von den Mitarbeiter:innen selbst verantwortet, sind jedoch konzeptionell eng aufeinander abgestimmt. Es sind häufig dieselben Kinder und Jugendlichen, zu denen intensiver Kontakt besteht.
Viele Jugendliche sind vor- und nachmittags Schüler:innen und am späteren Nachmittag und Abend Besucher:innen im Haus der Jugend. Die Mitarbeiter:innen der kommunalen Jugendarbeit verstehen sich alle drei als Ansprechpartner:innen für alle Ehninger Kinder und Jugendlichen. Sie treffen sich einmal wöchentlich für neunzig Minuten zur Teamsitzung, an der in regelmäßigen Abständen auch der Amtsleiter als Vorgesetzter teilnimmt. Für die Besprechungen haben die Sozialarbeiter:innen einen festen Ablauf vereinbart: Die Themen werden vorab mit einer persönlichen Priorität versehen dem Moderator mitgeteilt. Dieser erstellt dann die aktuelle Tagesordnung. Neben spezifischen inhaltlichen Themen der

224 Laut der Erhebung des KVJS arbeiten 85 % der Schulsozialarbeiter:innen alleine an einer Schule, vgl. KVJS 2016.

beiden Fachgebiete und dem einzelfallbezogenen Austausch stehen vor allem organisatorische Absprachen auf der Agenda. Nach einer kurzen aktuellen Runde sowie einem kurzen fachlichen Impuls, beispielsweise in Form einer Zusammenfassung eines Fachartikels oder eines Berichts von einer Fortbildung, werden aktuelle Informationen der Amtsleitung weitergegeben. Im Anschluss wird dann die Tagesordnung abgearbeitet. Das schriftliche Ergebnisprotokoll steht allen Teilnehmer:innen kurz darauf online zur Verfügung.

In dem beschriebenen Beispiel sind alle Teammitglieder zwar bei demselben Träger beschäftigt, jedoch nicht alle als Mitarbeiter:innen in der Schulsozialarbeit tätig. Neben der Schulsozialarbeit geht es somit auch immer um die offene Jugendarbeit im Haus der Jugend oder die Zusammenarbeit mit Vereinen und Verbänden. Und gerade diese gemeinsame Diskussion über die Situation aller Kinder und Jugendlichen im Ort wirkt gewinnbringend, weil sie für alle Beteiligten die Perspektiven erweitert.

Ein Vorteil, den größere Träger mit mehreren Fachkräften in der Schulsozialarbeit zweifelsohne haben, ist der eines Fachteams, in dem sich mehrere Schulsozialarbeiter:innen regelmäßig austauschen können.

Ein Kreisverband eines Wohlfahrtsverbandes beschäftigt insgesamt acht Schulsozialarbeiter:innen an verschiedenen, im ganzen Landkreis verteilten Schulen. Diese treffen sich alle zwei Wochen mit ihrer Geschäftsführerin in der Geschäftsstelle, um zwei Stunden lang aktuelle Themen zu besprechen, die für alle Fachkräfte von Bedeutung sind. Neben den organisatorischen Dingen des Trägers geht es vor allem um inhaltliche Fragen der konkreten täglichen Arbeit, die miteinander besprochen werden.
Auch der Besuch von Fortbildungen, Fachtagen und die Mitwirkung an Arbeitskreisen wird in dieser Runde koordiniert. An vielen Stellen lassen sich so anstehende Aufgaben auf mehrere Schultern verteilen, die andernorts von nur einer Fachkraft erledigt werden müssen und so kaum zu schaffen sind.
Die Fachteammitglieder haben für sich über die Jahre auch ein System der Spezialisierung entwickelt. Nicht jede:r Schulsozialarbeiter:in bearbeitet alle Themen selbst, gestaltet entsprechende Angebote an seiner bzw. ihrer Schule und muss sich in alles selbst einarbeiten. Einzelnen Mitarbeiter:innen ist die Verantwortung für bestimmte Bereiche übertragen. So konnte sich ein Kompetenzpool bilden, auf den alle bei Bedarf zugreifen können. Beispielsweise werden aufwendigere erlebnispädagogische

Einheiten von zwei dafür besonders geschulten Kolleg:innen an allen Schulsozialarbeit-Standorten durchgeführt. Während diese dann zu gegebener Zeit beispielsweise auf die medienpädagogische Kompetenz ihrer Teamkolleg:innen zurückgreifen können.

3.3.2 Regelmäßiger Austausch mit der Schulleitung

Die Woche beginnt für die Schulsozialarbeiter:innen zusammen mit der Schulleitung. Jeden Montag treffen sich die beiden Sozialpädagog:innen mit Rektorin und Konrektor der Grund- und Mittelschule gleich morgens um 8.30 Uhr, um sich eine Stunde lang gegenseitig auf den aktuellen Stand der Dinge zu bringen. Man trifft sich mit einer Tasse Kaffee im Büro der Schulsozialarbeit oder im Rektorat. Gemeinsam werden Ereignisse der vergangenen Woche reflektiert, anstehende Termine vorbereitet und grundsätzliche Absprachen getroffen. Auch kritische Themen werden offen angesprochen und über Lösungsansätze beraten. Bei der Einrichtung der Stelle vor zehn Jahren hatte der Schulsozialarbeiter den damaligen Rektor um einen regelmäßigen Austausch gebeten. Dieser sagte auch zu, hatte im Alltag dann aber fast wöchentlich „kreative" Begründungen, warum das geplante Treffen nicht stattfinden konnte. Immer wieder traten im Alltag daraufhin Situationen ein, in denen der Rektor ein bestimmtes Vorgehen der Schulsozialarbeit nicht nachvollziehen konnte und ablehnte. Oder die sozialpädagogische Fachkraft musste immer wieder feststellen, dass sie für ihre Arbeit wichtige Informationen, beispielsweise über Sanktionen gegenüber einzelnen Schüler:innen, nicht erhalten hatte. Sowohl die Schulleitung als auch die Schulsozialarbeit beklagten diese Intransparenz. Jedoch änderte sich lange nichts. Erst nachdem der alte Rektor „von Bord" in den Ruhestand gegangen war und die neue Rektorin „das Ruder übernahm", bat diese ihrerseits um die verbindliche Vereinbarung eines Jour fixe. Seitdem findet dieser – mit nur wenigen Ausnahmen – für alle Beteiligten verlässlich wöchentlich statt. Und seit einiger Zeit sitzen nicht nur beide Schulsozialarbeiter:innen und die Rektorin, sondern auch der Konrektor mit am Tisch.

Das Beispiel zeigt, wie abhängig gelingende Kooperation von einzelnen Personen sein kann. Es sind Menschen, die miteinander kommunizieren. Und so müssen für eine gelingende Schulsozialarbeit eben auch zwischen ganz unterschiedlichen Individuen geeignete Wege gefunden werden, verlässlich Informationen auszutauschen, die für alle zur Erfüllung ihrer jeweiligen Aufgaben wichtig sind.

Dem Schulleiter oder der Schulleiterin obliegt die Leitung und Verwaltung der Schule und er bzw. sie ist „verantwortlich für die Besorgung aller Angelegenheiten der Schule und für eine geordnete und sachgemäße Schularbeit".[225] Schulleiter:innen sind weisungsberechtigt gegenüber Lehrer:innen. Ist die Schule bzw. das Kultusministerium Träger der Schulsozialarbeit an der Schule, gilt die Weisungsbefugnis auch gegenüber den Schulsozialarbeiter:innen.[226] In den Fällen, in denen dies nicht der Fall ist, besteht keine Weisungsbefugnis gegenüber den sozialpädagogischen Fachkräften der Schulsozialarbeit.

Als Mitarbeiter:innen der Jugendhilfe sind Schulsozialarbeiter:innen an der Schule als externe Kooperationspartner:innen tätig, die auf Grundlage eines fachlichen Konzepts und im Rahmen einer idealerweise zwischen Schule und Träger der Schulsozialarbeit getroffenen Kooperationsvereinbarung ihre Aufgaben realisieren. Sie haben den Anspruch, dabei mit der Schulleitung intensiv zusammenzuarbeiten.

In Baden-Württemberg ist die Pflege der Schulbeziehungen zur Jugendhilfe ausdrücklich als Aufgabe der Schulleitung genannt. Wie genau diese zu erfolgen hat, bleibt im Gesetz allerdings offen.

Bewährt haben sich verbindlich vereinbarte, regelmäßige Besprechungen zwischen Schulleitung und Fachkraft. Bolay et al. haben diesen Aspekt in ihrer Untersuchung beleuchtet und festgestellt, „dass an der überwiegenden Mehrzahl der Standorte eine regelmäßige Kommunikationskultur besteht"[227] und neben den in aller Regel wöchentlich stattfindenden Besprechungen auch zusätzlich bei Bedarf stattfindende Treffen eine wichtige Rolle spielen. „Diese Kooperation ist von einem hohen Maß an Kontinuität geprägt und stellt damit einen weiteren Hinweis auf die intensive Zusammenarbeit und die Wichtigkeit der Zusammenarbeit zwischen Schulleitung und sozialpädagogischen Fachkräften dar."[228]

---

225 § 41 Abs. 1 SchG Baden-Württemberg. Vergleichbare Passus finden sich auch in Schulgesetzen anderer Bundesländer.
226 Ein Beispiel: Die Besetzung von Lehrerstellen mit Fachkräften für Schulsozialarbeit, siehe hierzu Ministerium für Schule und Weiterbildung des Landes Nordrhein-Westfalen 23.01.2008.
227 Bolay et al. 2004, S. 78.
228 Ebd., S. 79.

3.3.3 Beratende Teilnahme an Sitzungen schulischer Gremien

Die Schulsozialarbeiter:innen sind, zumindest wenn es nicht ausdrücklich anders im Schulgesetz oder anderen Bestimmungen geregelt ist, in schulischen Gremien nicht stimmberechtigt. Beratend sollten sie aber jederzeit dabei sein können. Es empfiehlt sich, entsprechende Formulierungen in die zwischen Schule und Träger geschlossene Kooperationsvereinbarung aufzunehmen.

Da in Lehrer:innenkonferenzen in der Regel über für das Schulleben wichtige Entwicklungen informiert und beraten wird und die Schulsozialarbeit zumindest mittelbar von den Auswirkungen betroffen ist, macht es Sinn, dass die sozialpädagogischen Fachkräfte möglichst auf dem gleichen Informationsstand wie die Lehrer:innen sind. Zudem können Schulleitung und Lehrer:innen die sozialpädagogische Expertise so über die eher auf den Einzelfall gerichtete kollegiale Beratung hinaus nutzen und ihre Beratungen ganzheitlicher führen.

Gerade in den letzten Jahren hat im Zuge zunehmender Schulentwicklungsprozesse die Nachfrage sozialpädagogischer Professionalität vonseiten vieler Lehrer:innen und Schulleiter:innen zugenommen. Immer häufiger werden Schulsozialarbeiter:innen als selbstverständlicher Bestandteil des pädagogischen Teams an den Schulen gesehen und werden grundsätzlich zu allen Sitzungen schulischer Gremien, wie Gesamtlehrer-, Klassen-, Stufen-, Abteilungs- oder Schulkonferenzen, eingeladen. Die Entscheidung darüber, wann oder ggf. in welchem Umfang sie daran teilnehmen, treffen die sozialpädagogischen Fachkräfte.

3.3.4 Zusammenarbeit mit Eltern

Eltern (oder andere Personensorgeberechtigte) sind nicht nur Zielgruppe von Schulsozialarbeit, wenn es um einzelne Kinder und Jugendliche oder die Zusammenarbeit auf Klassenebene geht, sondern sind als gesamte Elternschaft wichtige Partner:innen bei der Gestaltung des Schullebens. In der Organisation Schule, so wie sie jeweils in den einzelnen Schulgesetzen der Länder festgelegt ist, haben Elternvertreter:innen Mitbestimmungsrechte. Und auch nur, wenn diese rechtlich vorgesehene Partizipation gelebt wird, kann die Erziehungspartnerschaft zwischen Eltern, Schule und Jugendhilfe zum Wohle junger Menschen gelingen.

Demgegenüber ist, wie bereits mehrfach verdeutlicht, die Schulsozialarbeit in den schulischen Gremien nicht stimmberechtigt, wohl aber beratend vertreten. Gerade die Eltern greifen gerne und häufig auf die Expertise der sozialpädagogischen Fachkräfte zurück.

Das Telefon klingelt. Die Vorsitzende des Elternbeirats, Frau Siegel, ruft an. Sie bittet die Schulsozialarbeiterin um einen Termin für ein persönliches Gespräch. Es gehe um eine Informationsveranstaltung der Elternschaft zur Gemeinschaftsschule. Die beiden vereinbaren ein Treffen in der kommenden Woche.
Als die beiden dann bei einer Tasse Kaffee im Büro der Schulsozialarbeit zusammensitzen, konkretisiert Frau Siegel ihr Anliegen. Der Elternbeirat hat in seiner letzten Sitzung über die Möglichkeit der Weiterentwicklung der örtlichen Grund- und Hauptschule zu einer Gemeinschaftsschule beraten.[229] Da den meisten Eltern bislang nur die in den Medien vermittelten oberflächlichen Informationen vorliegen, sehen sich viele derzeit noch nicht in der Lage, sich eine Meinung darüber zu bilden, ob diese neuartige Schulform auch für sie und ihre Kinder geeignet sein könnte. So haben die Eltern beschlossen, eine öffentliche Informationsveranstaltung zu organisieren, bei der mit unterschiedlichen Expert:innen über zu erwartende Vor- und Nachteile diskutiert werden soll. Frau Siegel bittet die Schulsozialarbeiterin, daran als Expertin der Jugendhilfe mit ihrem sozialpädagogischen Blick auf Bildung, Erziehung und Betreuung teilzunehmen. Außer ihr sollen der Schulleiter, die Bürgermeisterin, ein Lehrer einer bereits bestehenden Gemeinschaftsschule aus dem Nachbarort sowie eine Vertreterin aus dem Schulamt auf dem Podium sitzen. Sie selbst und ein Vater, welcher als Journalist bei einer Zeitung arbeitet, würden die Abendveranstaltung moderieren.
Die Schulsozialarbeiterin sagt, dass sie selbstverständlich gerne dabei sein wolle. Sie würde dies mit ihrem Vorgesetzten besprechen und sich umgehend bei ihr melden.
Die beiden unterhalten sich noch eine Stunde über das spannende Thema, welches derzeit auch unter Fachkräften und Trägern von Schulsozialarbeit intensiv diskutiert wird. Schließlich entsprechen viele der Kerngedanken des neuen schulischen Konzepts den Grundsätzen und Handlungsprinzipien von Schulsozialarbeit.[230]

229 Nähere Informationen zu dieser in Baden-Württemberg neuen Schulart finden sich beispielsweise im Internet unter www.km-bw.de.
230 Vgl. hierzu Kap. 2.3.

Nicht immer haben Lehrer:innen und Eltern dieselbe Vorstellung von einer „guten" Schule. Und gerade in solchen Situationen, wenn es um grundlegende Fragen der Schulentwicklung geht, sind Schulsozialarbeiter:innen geschätzte Gesprächspartner:innen für Eltern. Zum einen kennen sie das System Schule mit all seinen oftmals enge Grenzen setzenden Rahmenbedingungen. Darüber hinaus wissen sie um die vielfältige Lebenswirklichkeit von Kindern und Jugendlichen und haben ein Verständnis für die Lebensbedingungen und Erwartungen von Familien. So sind sie oft in der Lage, auch in konflikthaften Situationen zu einem gegenseitigen Verständnis und Ausgleich der Interessen beizutragen.

Regelmäßig stellen Schulsozialarbeiter:innen ihre Arbeit in Elternbeiratssitzungen vor, diskutieren mit den Eltern aktuelle Bedarfe und mögliche Handlungsstrategien und planen gemeinsame Aktionen. Sie unterstützen auf Wunsch die Eltern bei deren Beteiligung am Schulleben.

Nicht verschwiegen werden soll an dieser Stelle, dass es oft gerade die Elternarbeit ist, die den Schulsozialarbeiter:innen Kopfzerbrechen bereitet. So gibt es auf der einen Seite die sehr engagierten Eltern, die sich an der Gremienarbeit beteiligen oder ehrenamtlich Projekte an der Schule unterstützen. Auf der anderen Seite fällt es oft schwer, Eltern zu mobilisieren, wenn es um die Teilnahme an wichtigen Informationsveranstaltungen geht. Es entsteht der Eindruck, dass gerade die Eltern der Schüler:innen, mit denen man unbedingt ins Gespräch kommen möchte, um niedrigschwellig einen Kontakt aufzubauen und dadurch rechtzeitig Hilfsangebote für die Kinder und Jugendlichen vorzubereiten, nicht greifbar sind. Hier gilt es darüber nachzudenken, über welche Angebote Eltern am ehesten erreicht werden können und wie man die „Pflichtveranstaltungen" so gestalten kann, dass es für die Eltern einen Anreiz gibt, zu kommen.[231]

3.3.5 Beirat für die Schulsozialarbeit

Schulsozialarbeiter:innen legen großen Wert auf Partizipation und verstehen es als Teil ihres Auftrags, alle für das Schulleben bedeutsamen Gruppen (Schüler:innen, Eltern, Lehrer:innen, Unternehmer:innen, Gemeinderäte, außerschulische Partner:innen) für die Mitgestaltung der Schulsozialarbeit zu gewinnen.

---

231 Es gibt einige Schulsozialarbeitsprojekte, die gerade die Elternarbeit zu einem zentralen Aspekt ihrer Arbeit erhoben und gute Konzepte entwickelt haben. Hierzu zählt z. B. das Modellprojekt „Gemeinsam in die Zukunft", vgl. Baum/Wagner 2014.

Hierzu sehen einige Träger in ihren Konzepten beratende Gremien vor: Als Beirat für Schulsozialarbeit, Team Schulsozialarbeit, Runder Tisch Schulsozialarbeit oder Arbeitskreis Schulsozialarbeit sind diese Plattformen für den regelmäßigen Austausch über aktuelle Entwicklungen, Bedarfe und Handlungsstrategien. Für die konzeptionelle Weiterentwicklung können hier Eckpunkte erarbeitet werden, was zu Transparenz und letzten Endes breiterer Akzeptanz führt.

Derartige Beiräte und die sich hierdurch ergebenden Vernetzungen erweisen sich auch immer wieder als wertvoll, wenn es um Fragen der Finanzierung von Schulsozialarbeit und vor allem um drohende Kürzungen geht. Hier können von der Schulsozialarbeit überzeugte Beiratsmitglieder zu wichtigen Fürsprecher:innen werden.

3.3.6 Öffentlichkeitsarbeit – Transparenz gegenüber allen am Schulleben Beteiligten

„Tue Gutes und rede darüber". Das eigene Handeln möglichst für alle Anspruchsgruppen nachvollziehbar zu machen, sollte allen Schulsozialarbeiter:innen ein Anliegen sein. Das Wissen um etwas ist schließlich notwendige Voraussetzung dafür, auch einen eigenen Standpunkt dazu entwickeln zu können.

Der Weg zur Transparenz des eigenen Handelns ist eine umfassende Öffentlichkeitsarbeit. Sowohl nach innen, in die Schule hinein, als auch nach außen muss gezeigt werden, was Schulsozialarbeit ist und wie sie funktioniert. In den letzten Jahren bedienen sich die für die Öffentlichkeitsarbeit Verantwortlichen neben der klassischen Form auch an, zumindest in der Sozialen Arbeit, bislang weniger gebräuchlichen PR-Instrumenten. Insgesamt bietet sich ein breites Repertoire an wirkungsvollen Werkzeugen für die allgemeine Kommunikation an, beispielsweise

- Flyer, Infobroschüren oder Postkarten,
- Pressegespräch oder Pressekonferenz bei besonderen Anlässen,
- Pressemitteilungen,
- Veröffentlichungen in amtlichen Mitteilungsblättern,
- Newsletter,
- eigene Website für die Schulsozialarbeit oder selbst zu pflegender Bereich innerhalb der Schulwebsite,
- eigene Profilseite bei Facebook, Instagram, Linkedin, Xing,
- X (vormals Twitter),
- Fotoausstellung oder Diashow,
- veröffentlichte Jahresberichte,

- Radio- und/oder Fernsehbeiträge bei besonderen Anlässen,
- Tag der offenen Tür oder Aktionstag Schulsozialarbeit.

Selbstverständlich muss zuvor trägerintern und ggf. auch mit der Schulleitung abgestimmt sein, wer wann befugt ist, in welcher Weise in die Öffentlichkeit zu treten. Bei größeren Trägern haben die einzelnen Fachkräfte nur eingeschränkte Möglichkeiten zur Öffentlichkeitsarbeit nach außen. Nach innen sind die meisten aber recht frei.

Nicht selten kommt gerade diese Arbeit zu kurz, weil es schlicht an den notwendigen Ressourcen fehlt. Öffentlichkeitsarbeit wird dann als etwas gesehen, was man macht, wenn man dazu Zeit findet, was aber im Normalfall nie der Fall ist. Wenn ein größerer Träger hinter der Schulsozialarbeit steht, kann dieser unterstützend bei der Öffentlichkeitsarbeit wirken und zusätzliche Ressourcen zur Verfügung stellen. Wichtig ist dann allerdings, dass die Öffentlichkeitsarbeit dennoch von den Fachkräften vor Ort mitgetragen wird, was bedeutet, dass ihre Wünsche und Bedarfe ausreichend berücksichtigt werden.

Da aber gerade die Öffentlichkeitsarbeit nach innen Auswirkungen auf die tagtägliche Arbeit hat und Zugänge erleichtern kann, sollte diese auch als wichtiges Instrument für die Erreichung der Ziele erkannt und deshalb Zeiten für diese reserviert werden. Bei der Einrichtung und Konzeption von Schulsozialarbeit sollte Öffentlichkeitsarbeit also bereits mitgedacht und zeitlich eingeplant werden.

3.3.7 Vernetzung mit außerschulischen Kooperationspartner:innen

Zu den Aufgaben der Schulsozialarbeit in diesem Aufgabenfeld gehört explizit die Vernetzung mit außerschulischen Kooperationspartner:innen. Wie bereits mehrfach deutlich wurde, sind gute Schulen u. a. durch zahlreiche Schnittstellen mit externen Partner:innen gekennzeichnet. Eine moderne Schule kann es sich gar nicht mehr leisten, auf die ihr gebotenen Ressourcen außerhalb der Schule und eine konsequente Sozialraumorientierung zu verzichten.

Doch werden Lehrer:innen und damit auch die Schulleiter:innen in ihrer Ausbildung immer noch nicht in gleichem Maße auf diese Aufgaben vorbereitet wie etwa Sozialarbeiter:innen und Sozialpädagog:innen. Diese bekommen an den Hochschulen Grundlagen der Gemeinwesen- und Netzwerkarbeit vermittelt und haben eine Vorstellung davon, wie solche Kooperationen initiiert und gepflegt werden sollten.

Aber nicht nur mit Blick auf die Schule insgesamt als funktionierendes Gemeinwesen, sondern vor allem auch für die ureigenen Aufgaben der Schulsozialarbeit, wie die Einzelhilfe und Beratung in individuellen Problemsituationen, sind tragfähige Vernetzungsstrukturen mit einer Vielzahl von Partner:innen essenziell. „Schulsozialarbeit kann stellvertretend für die Einzelschule neue Handlungspartnerschaften erschließen und sie kann bereits bestehende Kontakte zwischen Schule und Jugendhilfe aktivieren und intensivieren.“[232] Die Kontakte sollten regelmäßig und vor allem fallunabhängig gepflegt werden.

Wichtige außerschulische Partner:innen für die Schulsozialarbeit sind beispielsweise:

- das Jugendamt mit seinen Fachdiensten,
- (Schul-)Psycholog:innen und Psychotherapeut:innen,
- Kinderärzt:innen und Kinder- und Jugendpsychiater:innen,
- sonderpädagogische Fachdienste,
- sozialpädagogische Fachberatungsdienste und -beratungsstellen,
- Suchthilfeeinrichtungen,
- die Polizei (insbesondere die Jugendsachbearbeiter:innen),
- Kirchen, Moscheen, Synagogen und andere religiöse Einrichtungen,
- lokale/regionale Unternehmen und deren Zusammenschlüsse (beispielsweise Handels- und Gewerbevereine),
- die Industrie- und Handelskammer und die Handwerkskammer,
- die Gemeinde- oder Stadtverwaltung,
- die Agentur für Arbeit (insbesondere die Jugendberufsagenturen),
- Vereine, Verbände und Organisationen mit Freizeitangeboten,
- für Kinder und Jugendliche bedeutsame Initiativgruppen,
- Horte und Kindertagesstätten,
- andere Einrichtungen der Jugendarbeit und Jugendsozialarbeit.[233]

232 Bolay et al. 2004, S. 188.
233 Vgl. hierzu auch Bolay et al. 2004, S. 191 f.

3.3.8 Sozialpädagogische Begleitung der Ganztagsschule

Der Ausbaustand öffentlicher Ganztagsschulen lag im Schuljahr 2020/2021 bundesweit bei durchschnittlich 71,5 % und schwankt je nach Bundesland zwischen 43 % in Baden-Württemberg und knapp 99 % in Sachsen.[234] Die Anzahl der Schüler:innen, die ein Ganztagsangebot wahrnehmen, liegt niedriger: nur 47 % nehmen am Ganztagsunterricht teil. Auch hier zeigt sich eine große Spannbreite je nach Bundesland. Während in Hamburg 94 % der Schüler:innen am Ganztagsunterricht teilnehmen, sind es in Bayern nur 17 %. Nach wie vor gibt es eine enge Koppelung zwischen Ganztagsschulen und Gesamtschulen, denn der höchste Anteil von ganztägig lernenden Schüler:innen besucht eine Gesamtschule. Klemm spricht von einer Stagnation des Ausbaus der Ganztagsschulen in den letzten fünf Jahren (2015–2020). Dennoch wird deutlich, dass Schulsozialarbeit zunehmend auch an gebundenen oder offenen Ganztagsschulen stattfindet.

Ganztagsschulen sind aufgrund ihrer Konzeption ein Lebensort, an dem Kinder und Jugendliche einen großen Teil ihrer Zeit verbringen. Und mehr noch als die „klassische“ Vormittagsschule, nach deren Ende viele junge Menschen ihre freie Zeit am Nachmittag im Jugendhaus, in Vereinen, bei und mit Freunden zu Hause oder im Freien verbringen, ist die Ganztagsschule auf eine Vernetzung mit zahlreichen außerschulischen Partner:innen angewiesen. „Die Schulsozialarbeit, dies hat die ‚Studie zur Entwicklung der Ganztagsschulen‘ (StEG) herausgefunden, ist [dabei] der größte außerschulische Partner von Ganztagsschulen in Deutschland.“[235]

Doch was bedeutet das für die Schulsozialarbeit? Was unterscheidet sie von der Schulsozialarbeit an Halbtagsschulen? Zunächst einmal haben auch die sozialpädagogischen Fachkräfte mehr Möglichkeiten, intensiv Zeit mit Kindern und Jugendlichen zu verbringen. Und diese haben in der Regel mehr Zugangsmöglichkeiten zur Schulsozialarbeit. Das heißt, dass die Beziehungsarbeit als Grundlage der Schulsozialarbeit viel besser stattfinden kann. Der Anteil der Kinder und Jugendlichen, die sich mit ihren Anliegen an die Schulsozialarbeit wenden, ist an Ganztagsschulen daher sicherlich größer als an Halbtagsschulen. In der Folge sollten Schulsozialarbeiter:innen ausreichend Zeit für die sich daraus ergebenden Einzelhilfen und Beratungsgespräche sowie für die im Ganztagesbetrieb häufig intensivierte sozialpäda-gogische Gruppenarbeit und Projekte vorsehen. Dies trifft besonders dann zu, wenn

234 Diese und die folgenden Zahlen nach Klemm 2022.
235 Zickgraf 2008.

nicht neben der Schulsozialarbeit weitere sozialpädagogische Fachkräfte z. B. mit betreuenden Angeboten oder mit koordinativen Aufgaben an der entsprechenden Schule tätig sind.

Aus diesem Grund ist gerade auch an Ganztagsschulen ein klares Konzept für die Schulsozialarbeit erforderlich, sodass allen Beteiligten deutlich wird, welche Aufgaben sie im Gesamtkonzept der Schule übernimmt. Hierbei gilt: „Organisation der Ganztagsschule, die Durchführung von Hausaufgabenbetreuung, Mittagessen- und Pausenaufsicht und Randzeitenbetreuung gehören grundsätzlich nicht zum Aufgabenprofil der Schulsozialarbeit."[236]

3.3.9 Regionale und landesweite Netzwerke mit anderen Schulsozialarbeiter:innen

Schulsozialarbeiter:innen sind Einzelkämpfer:innen. Für viele Fachkräfte trifft diese Aussage zu, wenn darunter verstanden wird, dass sie an der jeweiligen Schule die einzige sozialpädagogische Fachkraft und nicht über ihren Träger in ein Team von mehreren Schulsozialarbeiter:innen eingebunden sind.[237] Diese Situation kann im Alltag durchaus immer wieder recht belastend wirken. Wie in anderen Berufsgruppen in vergleichbaren Situationen auch, regt sich bei den meisten Schulsozialarbeiter:innen irgendwann der Wunsch, sich regelmäßig der eigenen sozialpädagogischen Fachlichkeit zu versichern und in den aktiven fachbezogenen Austausch mit Kolleg:innen zu treten.

So haben sich bundesweit viele Schulsozialarbeiter:innen in regionalen und überregionalen Netzwerken zusammengeschlossen. In diesen meist informellen Vernetzungsstrukturen, die Arbeitskreise, Regionalgruppen, Arbeitsgemeinschaften oder Netzwerkknoten heißen, treffen sich die sozialpädagogischen Fachkräfte in regelmäßigen Abständen.

Je nach Selbstverständnis und selbst formuliertem Auftrag beschäftigen sich die regionalen Netzwerke überwiegend mit der

- Diskussion fachlicher Entwicklungen,
- der gegenseitigen kollegialen Beratung,
- organisiertem Kontakt zu gemeinsamen Kooperationspartner:innen,
- standortunabhängiger Öffentlichkeitsarbeit und
- der Mitwirkung an politischen Entscheidungsprozessen.

236 Kommunalverband für Jugend und Soziales Baden-Württemberg 2010, S. 19.
237 Vgl. auch Kap. 3.3.1.

Vereinzelt werden auch gemeinsame Angebote für die Schüler:innen an den jeweiligen Schulen geplant und durchgeführt. So hat beispielsweise die Regionalgruppe Schulsozialarbeit im Landkreis Böblingen über Jahre hinweg ein kreisweites Schüler:innen-Fußballturnier oder kreisweite Geocaching-Aktionen organisiert.[238]

Auch in den einzelnen Bundesländern haben sich in den letzten Jahren immer mehr überregionale, landesweite Netzwerke gebildet, um die Schulsozialarbeit fachlich-inhaltlich weiterzuentwickeln und ihr eine gemeinsame Stimme gegenüber Öffentlichkeit und Politik zu geben. Die meist ehrenamtlich organisierten und teils als eingetragene Vereine verfassten Landesarbeitsgemeinschaften nehmen hierbei vielfach trägerübergreifende Aufgaben zur Qualitätsentwicklung und -sicherung in der Schulsozialarbeit wahr.[239]

So versteht sich beispielsweise das Netzwerk Schulsozialarbeit Baden-Württemberg e. V. als Zusammenschluss der Fachkräfte und Träger von Schulsozialarbeit und sieht seine Aufgaben zur „Vernetzung und Weiterentwicklung der Schulsozialarbeit als Handlungsfeld der Jugendhilfe in Baden-Württemberg"[240] wie folgt:

- Initiierung und Begleitung von lokalen/regionalen Netzwerken von in der Schulsozialarbeit tätigen Fachkräften,
- Interessenvertretung der Schulsozialarbeit in und gegenüber politischen Gremien auf kommunaler Ebene, Kreis- und Landesebene,
- Mitwirkung in landesweiten Gremien, die sich mit den Themen Bildung, Erziehung und Betreuung im Kontext Schule befassen,
- Entwicklung von Qualitätsstandards in der Schulsozialarbeit,
- Beratung von Trägern und Schulen,
- Unterstützung bei der Einrichtung neuer Stellen für Schulsozialarbeit,
- Organisation und Durchführung von Fach- und Fortbildungsveranstaltungen,
- Förderung innovativer Konzepte von Schulsozialarbeit in Baden-Württemberg,
- Trägerschaft und Betrieb der Internetwebsite www.netzwerk-schulsozialarbeit.de als Plattform zur Information, Kommunikation und Vernetzung der Schulsozialarbeit in Baden-Württemberg.

238 Vgl. hierzu Landkreis Böblingen 2012.
239 Für einen Überblick über die Landesarbeitsgemeinschaften Schulsozialarbeit s. www.kv-schulsozialarbeit.de/ unter dem Stichwort „Vernetzung".
240 KVJS Schulsozialarbeit Baden-Württemberg 2018.

3.4 Offene Angebote für alle Schülerinnen und Schüler

Schüler:innencafé, Freizeitgruppen, Schüler:innentreff, aktive Pausengestaltung – das sind typische und häufig anzutreffende Beispiele für offene Angebote an alle Kinder und Jugendlichen, wie sie von Schulsozialarbeit am Lebensort Schule initiiert und organisiert werden.

Entscheidend für alle diese offenen Angebote ist, dass die Adressat:innen völlig frei sind in der Entscheidung, ob sie diese annehmen oder nicht. Bei ihnen handelt es sich nicht um Unterricht. Da die meiste Zeit in der Schule jedoch im Unterricht verbracht wird, stellen derartige Freizeitangebote einen eher kleinen Aufgabenbereich von Schulsozialarbeit dar.

Im Unterschied zu regelmäßig stattfindenden Arbeitsgemeinschaften oder Gruppenangeboten mit festen Gruppen über einen längeren Zeitraum hinweg[241], haben offene Angebote in der Schulsozialarbeit aus Sicht der Kinder und Jugendlichen meist einen eher kurzfristigen, spontanen Charakter: Heute gehe ich ins Schülercafé – morgen gehe ich nicht hin, jetzt habe ich Lust auf eine aktive Pause – morgen vielleicht nicht …

3.4.1 Schüler:innencafé und offener Schüler:innentreff

An vielen Schulen gibt es Schüler:innencafés, in denen sich Kinder und Jugendliche während ihrer unterrichtsfreien Zeit treffen können. Manchmal werden diese von sozialpädagogischen Fachkräften (mit-)betreut und begleitet.

Sevgi und Manuela verabreden sich für die Mittagspause. Nach ihrer letzten Vormittagsstunde wollen sie sich im Café Grips treffen, um eine Pizza zu essen und gemeinsam ihre Präsentation für die SMV-Sitzung vorzubereiten. Die beiden Achtklässlerinnen freuen sich, weil heute Max aus der zehnten Klasse Cafédienst hat. Bei ihm läuft immer so gute Musik. Auch Jörg, der Schulsozialarbeiter, wird da sein. Allerdings trifft er sich mit den Schüler:innen, die bis zu den nächsten Ferien das Schüler:innencafé betreuen, um den Einkauf zu klären und das Programm der nächsten Woche zu organisieren.

241 Diese beiden methodischen Ansätze der Schulsozialarbeit werden zum Kernaufgabenfeld Sozialpädagogische Gruppenarbeit, Projekte und Arbeit mit Schulklassen gezählt, s. Kap. 3.2 ff.

Die beiden Schülersprecherinnen Manu und Sevgi sitzen am liebsten in den Korbsesseln, die hinter den Grünpflanzen am Fenster stehen. Von dort aus können sie gut das Treiben in dem gemütlich eingerichteten Raum im hinteren Teil des Mensagebäudes beobachten.

In einem Schüler:innencafé ist es besonders wichtig, dass sich die Kinder und Jugendlichen sowie die Erwachsenen, die sich dort aufhalten, wohl fühlen können. Hierzu tragen gemütlich eingerichtete Räumlichkeiten mit entsprechender Caféinfrastruktur bei.

Um die Akzeptanz bei den Schüler:innen zu erhöhen, werden diese häufig aktiv in die Gestaltung solcher Aufenthaltsbereiche mit einbezogen. Überall dort, wo die Schulsozialarbeit für Schüler:innencafés verantwortlich ist, hat diese Partizipation einen besonders hohen Stellenwert und wird methodisch vielgestaltig umgesetzt.

Schulsozialarbeiter Jörg hat heute ein „Probeessen" für das Café-Team organisiert. Zusammen mit Maike, der Teamsprecherin in diesem Halbjahr, hat er im Großmarkt verschiedene neue Mittagssnacks besorgt. Jetzt sitzen zehn Jugendliche mit verbundenen Augen um einen runden Tisch herum. Jörg und Maike verteilen kleine Häppchen Baguette, Pizza, Bagels und andere Leckereien. Die „Testesser" bewerten jeden Bissen und haben dabei sichtlich Spaß.
Nach einer halben Stunde steht das Menü für die nächsten Wochen fest und die Jugendlichen machen sich an den PCs in der Ecke des Schüler:innencafés daran, die neuen Speisekarten zu gestalten und auszudrucken.

Der offene, ungezwungene Rahmen eines Schüler:innencafés ermöglicht es auch den Kindern und Jugendlichen, die sich in engeren Settings eher schwer täten, leicht Kontakt zu den Schulsozialarbeiter:innen aufzunehmen. Und auch für die sozialpädagogischen Fachkräfte bietet ein Schüler:innencafé einen niedrigschwelligen Zugang zu Schüler:innen, die ansonsten eher schwierig zu erreichen sind.

„Das verstehe ich gut, dass dich das nervt!", sagt Sevgi zu Mario aus der fünften Klasse. „Da drüben steht Jörg. Frag ihn doch mal, wie er das sieht. Bestimmt hat er einen Tipp für dich." Daraufhin geht der Junge zum Schulsozialarbeiter hinüber und spricht ihn an. Die beiden setzen sich an einen freien Tisch und sind kurz darauf im Gespräch vertieft.

3.4.2 Freiwillige Angebote im Rahmen der Ganztagsschule

Es ist frühlingshaft sonnig und warm. Schulsozialarbeiterin Saskia entscheidet spontan, am nächsten Tag in der Mittagspause ein Boule-Turnier für die Schüler:innen der Klassen 5–7 auf dem Boule-Platz der Schule anzubieten. Sie macht einen Aushang für die Mensa und das schwarze Brett im Hauptgebäude und veröffentlicht einen Hinweis auf ihrer WhatsApp-Gruppe.
Am nächsten Tag um 12.30 Uhr sind zehn Kinder gekommen, um mit Saskia um die Wette zu spielen. Allen macht das Werfen der schweren Metallkugeln Freude und nach einer Stunde steht die Siegerin fest: Katharina aus der sechsten Klasse kann sich über einen Drei-Euro-Gutschein für das Schüler:innencafé freuen.

Auch wenn Pausenaufsicht und Randzeitenbetreuung grundsätzlich nicht zu den Aufgaben von Schulsozialarbeit gehören,[242] kann diese von sich aus Offene Angebote im Ganztagesbetrieb machen, sofern sie diese für pädagogisch sinnvoll hält.

Als niedrigschwellige Angebote bieten solche Freizeitaktivitäten den Schulsozialarbeiter:innen gute Zugangswege zu den Kindern und Jugendlichen, die gerade an Ganztagsschulen viel Zeit am Lebensort Schule verbringen. Sozialpädagogische Fachkräfte können gerade in derart offenen Settings von den jungen Menschen als erwachsene Bezugspersonen wahrgenommen werden, die nicht nur Wissen vermitteln und bei Problemen für sie da sind, sondern die auch in ihrer Freizeit an ihnen Interesse haben und diese mit ihnen teilen.

3.4.3 Aktive Pausengestaltung

Es gibt einige Schulen bundesweit, an denen Schulsozialarbeiter:innen, oftmals gemeinsam mit Schüler:innen und manchmal mit Lehrer:innen, die Pausenzeiten aktiv gestalten.[243]

Sascha nimmt Anlauf, springt ab und landet auf der Slackline. Er balanciert vor und zurück, federt auf dem flexiblen Band ab und macht eine schnelle Drehung um 180 Grad. Geschafft! Seine Klassenkamerad:innen

242 Vgl. Kap. 2.6.
243 Beispiele finden sich leicht im Internet: Kreuzschule Coesfeld, Friedrich-Kammerer-Schule Ehningen, Geestlandschule Fredenbeck, Martinusschule Kaarst, Pestalozzischule Soest, Parkringschule St. Leon-Rot.

klatschen und johlen. Als Nächster versucht Ahmet sein Glück. Er kann sich ganze 30 Sekunden auf dem zwischen zwei großen Bäumen gespannten Gurtband halten.
So lange konnte sich Schulsozialarbeiter Max in den letzten Wochen seit der Anschaffung dieses neuartigen Spiel- und Sportgeräts noch nicht oben halten. Aber er ist ja auch nicht der Sportlichste …
Den Tipp mit der Slackline bekam Max von einer Schülerin. Sie zeigte ihm ein YouTube-Video über diese Trendsportart und fragte ihn, ob es nicht möglich sei, für die Pausen eine Slackline zu beschaffen.

Kinder und Jugendliche wollen sich bewegen, Neues ausprobieren, gemeinsam mit anderen Spaß haben, sich messen und an ihre Grenzen gehen. Je mehr Zeit sie in der Schule verbringen, desto wichtiger werden dort Freiräume für alle diese Dinge.

Schulsozialarbeiter:innen greifen solche Bedürfnisse auf und sorgen dafür, dass diese auf kreative Weise im Schulalltag und am Ort Schule erfüllt werden können. So tragen sie zu einer positiven Schulkultur und zu einer Schule als aktivem Lebensort bei. Darüber hinaus müssen sich die Kinder und Jugendlichen, um diese Bedürfnisse zu erfüllen, keine anderen Orte suchen, die dann oft wesentlich gefährlicher sind.

4

Schlussbemerkung: Schulsozialarbeit – eine anspruchsvolle Aufgabe

Schulsozialarbeit sowie sozialpädagogische Angebote an Schulen sind in den letzten 20 Jahren stark angewachsen, sind inzwischen an allen Schulformen vertreten und ihre Anwesenheit wird zunehmend als Qualitätsmerkmal für die Schule wahrgenommen. Die Voraussetzungen und Rahmenbedingungen, unter denen Schulsozialarbeit stattfindet, sind je nach Bundesland, Region und Schule sehr unterschiedlich. Die Voraussetzungen für eine im sozialpädagogischen Sinne erfolgreiche und nachhaltige Schulsozialarbeit sind von unterschiedlicher Seite bereits vielfach benannt worden,[244] nur selten sind diese in der Praxis erfüllt. Dies führt dazu, dass – wie man es auch in der Zeit der COVID-19-Pandemie sehen konnte – vieles auf den Schultern der sozialpädagogischen Fachkräfte lastet, die engagiert und mit Ausdauer versuchen, den Kindern und Jugendlichen sowie deren Lebensherausforderungen gerecht zu werden.[245] Sie leisten auch dort gute Arbeit, wo die Rahmenbedingungen nicht optimal oder sogar schwierig sind. Allerdings ist die Kraft und Geduld von Fachkräften endlich und nicht wenige Sozialarbeiter:innen dachten schon vor der Pandemie wegen schlechter Arbeitsbedingungen darüber nach, aus ihrem Beruf auszusteigen.[246] Angesichts steigendem Fachkräftemangels in der Sozialen Arbeit ist dies ein Warnzeichen.

244 Insbesondere Speck/Olk 2010, S. 309 ff., die eine Übersicht über den Stand der Forschung zur Schulsozialarbeit publizierten und daraus Rückschlüsse für die notwendigen Rahmenbedingungen ziehen. Ebenfalls wichtige Publikationen sind die vom Kooperationsverbund Schulsozialarbeit, die immer wieder die Rahmenbedingungen thematisieren und auf Defizite aufmerksam machen. Alle Publikationen können unter dem Stichwort „Material“ auf der Homepage abgerufen werden: www.kv-schulsozialarbeit.de Darüber hinaus sei hier auf die Dortmunder Erklärung von 2015 verwiesen, die ebenfalls dort abrufbar ist.

245 Vgl. insbesondere auch die Berichte Berndt et al. 2020, 2021 und 2023.

246 Schneiders/Schönauer 2022.

In Zukunft werden zunehmend die Rahmenbedingungen der Arbeit mit darüber entscheiden, wo Fachkräfte hingehen und bereit sind, sich zu engagieren. Das war in begrenztem Umfang bisher auch schon so, aber aus dem Arbeitgeber:innen-Arbeitsmarkt wird eben ein Arbeitnehmer:innen-Arbeitsmarkt. Vielleicht steckt darin auch eine Chance, wenn Fachkräfte ihre Marktmacht nutzen?

Es ist in jedem Fall ein anspruchsvoller Beruf mit jeder Menge Herausforderungen, die gerade Berufseinsteiger:innen schnell an ihre Belastungsgrenzen bringen können. Die Vielseitigkeit macht das Arbeiten in diesem Handlungsfeld der Jugendhilfe abwechslungsreich und spannend, aber auch anstrengend und mitunter schweißtreibend. Daher ist es unabdingbar, dass diejenigen, die Schulsozialarbeit betreiben, „Profis" sind: Professionell ausgebildete Sozialarbeiter:innen und Sozialpädagog:innen, die sich in Studium und Berufsleben einen umfangreichen methodischen Werkzeugkoffer gefüllt haben, diesen entsprechend den Anforderungen anwenden können, ihn immer auf dem Stand der Zeit halten und lebenslanges Lernen für sich selbst als ein berufliches Leitprinzip akzeptieren. Und dabei geht – wie in anderen Arbeitsfeldern Sozialer Arbeit auch – Qualität vor Quantität.

Als Bildungsexpertin, die sich inzwischen seit fast 20 Jahren mit der Schulsozialarbeit beschäftigt, bewegt mich zunehmend die Frage, wie wir die Institution Schule insgesamt verändern können. Schulsozialarbeit und sozialpädagogische Fachkräfte an Schulen sind eine Verbesserung der Situation von Kindern und Jugendlichen an den Schulen, allein, es reicht nicht, um schulische Bildung insgesamt nachhaltiger und chancengerechter zu machen. Immer wieder haben Schulen gezeigt, dass sie sowohl nachhaltig pädagogisch gestaltet werden können und gleichzeitig Kinder und Jugendliche auf „klassische" Leistungsprüfungen erfolgreich vorbereiten können (s. die Beispiele aus „Treibhäuser der Zukunft"[247], aktuell vor allem das Netzwerk „Schulen im Aufbruch"[248] oder der Deutscher Schulpreis[249]). Wir wissen also wie es geht! Warum setzen sich diese Erkenntnisse dann nicht schneller flächendeckend durch? – Bildungsexpert:innen weisen darauf hin, dass Bildung nicht nur an Schule stattfindet, sondern an vielen Orten, in vielen unterschiedlichen Formen.[250] Dennoch ist Schule nach wie vor eine in der Kinder- und Jugendphase dominante, das Leben strukturierende und gestaltende Institution. In Zeiten von Ganztagsschule nehmen sie sogar

247 www.reinhardkahl.de/treibhaeuser-der-zukunft/ (Abruf 29.9.2023).
248 https://schule-im-aufbruch.de/ (Abruf 19.9.2023).
249 www.deutscher-schulpreis.de/ (Abruf 19.09.2023).
250 Bollweg et al. 2020.

noch mehr Raum im Leben der Schüler:innen ein. Gerade in der Zeit der Schulschließungen wurde deutlich, wie sehr die Schule eine Institution ist, die neben den schulischen Bildungsanforderungen dem Leben der Kinder und Jugendlichen eine Struktur gibt und einen Ort sozialen Miteinanders darstellt; im besten Fall ein Ort sozialer Integration. Man lernt in JEDER Schule für das Leben. Das heißt, was ich in der Schule erlebe und wie ich Lernen dort erfahre, hat in jedem Fall langfristige Auswirkungen auf meine Wahrnehmung davon, wie Gesellschaft funktioniert und ob ich darauf Einfluss nehmen kann oder nicht. Schule ist eben die wichtigste Institution der Reproduktion unserer Gesellschaft. Sie spiegelt die Strukturen, Werte und Erwartungen unserer Gesellschaft und soll gleichzeitig auf eine unbekannte Zukunft vorbereiten: „Dieser Konflikt kann auch als Spannungsverhältnis zwischen ökonomischem Verwertungswissen und sozial gerichteter Persönlichkeitsbildung, zwischen Produktionslogik und Sozialisationslogik, begriffen werden."[251] Böhnisch erkennt, dass dieses Spannungsverhältnis systemimmanent ist, weist aber zugleich darauf hin, dass die „Mediation zwischen systemischen Strukturen und lebensweltlichen Dynamiken" dort besser gelingt, wo Schulen „mit weitgehender Schulautonomie ausgestattet sind."[252]

Es kann nicht die Aufgabe der Schulsozialarbeit sein, dieses Spannungsverhältnis aufzulösen, aber sie kann versuchen, „auf die alltagsbezogenen Lerninteressen einzugehen und von ihnen her eine Brücke zu schulischen Lernmotivationen zu bilden".[253] Die Fachkräfte der Schulsozialarbeit sind aufgefordert, ihre Expertise für eine Schule einzubringen, die nachhaltiger ist, indem sie Raum für soziales Lernen schafft, dieses unterstützt und fördert, denn sie sind Expert:innen für die Lebenswelten der Kinder und Jugendlichen und deren Familien.

251 Böhnisch 2019, S. 15.
252 Ebd., S. 27.
253 Ebd.

Hilfreiche Internetadressen[254]

Zum Thema Schulsozialarbeit allgemein

- Die Homepage des Kommunalverbands für Jugend und Soziales Baden-Württemberg (KVJS): www.kvjs.de
- Die Homepage des Kooperationsverbunds Schulsozialarbeit: www.kv-schulsozialarbeit.de
- Die Homepage des Netzwerks Schulsozialarbeit in Baden-Württemberg: www.netzwerk-schulsozialarbeit.de
- Die Homepage der LAG Schulsozialarbeit Niedersachsen: www.lag-schulsozialarbeit-nds.de
- Die Homepage der LAG Schulsozialarbeit in Sachsen: www.schulsozialarbeit-sachsen.de

Zum Thema Jugendhilfe und Familienrecht

- Die Homepage des Deutschen Instituts für Jugendhilfe und Familienrecht (DIJUF): www.dijuf.de

Zum Thema Berufsorientierung

- Berufswahlpass: www.berufswahlpass.de
- Qualifikationspass: www.qualipass.info
- Berufswahlorientierung Online z.B. von der Bundesagentur für Arbeit: www.dasbringtmichweiter.de, vom Bundesinstitut für Berufsbildung (BIBB): www.ueberaus.de/lernangebote-berufsorientierung.php, vom Institut der Deutschen Wirtschaft: www.beroobi.de, von LizzyNet gGmbH: www.lizzynet.de, von der TU Dresden und dem dortigen Institut für Berufsbildung und berufliche Didaktik: www.serena.thegoodevil.com oder von der Universität Regensburg, Lehrstuhl für Schulpädagogik: www.cybermentor.de.
- Projektbeispiel „Fit for Job Plus" Berufsorientierung in Ehningen: www.fitforjob.info

254 Die Auswahl stellt vorwiegend die im Buch bereits genannten Adressen noch einmal übersichtlich zusammen. Zu allen Themen gibt es noch weitere empfehlenswerte Seiten und Anlaufstellen. Hier lohnt es sich, auch die Links auf den hier genannten Seiten zu beachten. Letzter Abruf aller Internetquellen 18.10.2023.

- Für Jugendliche mit Migrationshintergrund (auch geflüchtete junge Menschen) die Angebote der Jugendmigrationsdienste (JMD): www.jugendmigrationsdienste.de

Zum Thema Bildung

- Der Deutsche Bildungsserver: www.bildungsserver.de
- Lernen für den GanzTag: www.ganztag-blk.de
- Darüber hinaus die Seite von der Bertelsmann-Stiftung „Lernen/Bildung im 21. Jahrhundert": https://schule21.blog/
- Treibhäuser der Zukunft – Filme von Reinhard Karl zur Schule der Zukunft: www.reinhardkahl.de/treibhaeuser-der-zukunft/
- Das Netzwerk „Schulen im Aufbruch": https://schule-im-aufbruch.de/
- Der Deutsche Schulpreis verleiht jedes Jahr Preise: www.deutscher-schulpreis.de/

Zu Methoden und Projekten in der Schulsozialarbeit

- Zum Klassenrat: z. B. www.derklassenrat.de
- Die Homepage des Medienpädagogischen Forschungsverbunds Süd-West: www.mpfs.de
- Die Homepage der Digitalen Helden: www.digitale-helden.de
- Die Homepage von Klicksafe.de, einer EU-Initiative für mehr Sicherheit im Netz: www.klicksafe.de
- Onlineportale zur gezielten Auswahl geeigneter Online-(Lern-)Spiele: www.digitale-spielewelten.de, www.spieleratgeber-nrw.de, www.spielbar.de, www.klicksafe.de/themen/spielen/digitalbe-spiele und www.internet-abc.de

Gewaltprävention

- Z. B. das Angebot „Cool sein Cool bleiben": www.coolsein-coolbleiben.de
- Herausforderung Gewalt – Eine Publikation der polizeilichen Kriminalprävention des Bunds und der Länder: www.polizei-beratung.de/aktuelles/detailansicht/gewalt-im-schulischen-kontext-begegnen/

Sonstiges

- Homepage der Deutschen Gesellschaft für Supervision: www.dgsv.de
- Homepage des Deutschen Bundesjugendrings zur Wahl für unter 18-Jährige: www.u18.org
- Leitfaden zur Unterstützung im Umgang mit vermuteter oder tatsächlicher Kindeswohlgefährdung, z. B. des Staatlichen Schulamts Mannheim: www.km-bw.de/site/pbs-bw-km-root/get/documents_E144369543/KULTUS.Dachmandant/KULTUS/Schulaemter/schulamt-mannheim/downloads/leitfaden_kindswohl.pdf, oder des bayerischen Staatsministerium für Familie, Arbeit und Soziales: www.stmas.bayern.de/kinderschutz/aerzteleitfaden/index.php
- Krisenmanagement: www.bbk.bund.de/DE/Themen/Krisenmanagement/KMZirkel/KMZirkel.html
- Infos zu Gemeinschaftsschule: www.km-bw.de.

Literatur

Abstein, Hans Joachim/Gastiger, Sigmund (2012): Methoden der Sozialarbeit in unterschiedlichen Arbeitsfeldern der Suchthilfe. Methoden und Konzepte der Sozialen Arbeit in verschiedenen Arbeitsfeldern. Skills-Reihe. Freiburg im Breisgau: Lambertus.

Ackeren, Isabell van/Klemm, Klaus/Kühn, Svenja Mareike (2015): Entstehung, Struktur und Steuerung des deutschen Schulsystems. Eine Einführung (3. Aufl.). Wiesbaden: VS.

Aden-Grossmann, Wilma (2016): Geschichte der sozialpädagogischen Arbeit an Schulen. Entwicklung und Perspektiven von Schulsozialarbeit. Wiesbaden: Springer VS.

Alicke, Tina/Hilkert, Marius (2012): Schulsozialarbeit und die Kooperation von Jugendhilfe und Schule im Jugendhilferecht. Expertise im Auftrag der Max-Traeger-Stiftung. Frankfurt a. M.: Eigenverlag GEW.

Andresen, Sabine/Heyer, Lea/Lips, Anna/Rusack, Tanja/Schröer, Wolfgang/Thomas, Severine/Wilmes, Johanna (2021): Das Leben von jungen Menschen in der Corona-Pandemie. Erfahrungen, Sorgen, Bedarfe. Bertelsmann Stiftung; www.bertelsmann-stiftung.de/de/pubdoi?tx_rsmbstpublications_pi2%5Bdoi%5D=10.11586%2F2021021&cHash=5178b3b9a8fe00fa9a997a6955ca9e06 (Abruf 7.9.2023).

Bannenberg, Britta (2010): Herausforderung Gewalt: von körperlicher Aggression bis Cybermobbing. Erkennen – Vorbeugen – Intervenieren. Eine Handreichung für Lehrkräfte und andere pädagogische Fachkräfte. Hg. von Polizeiliche Kriminalprävention der Länder und des Bundes, Zentrale Geschäftsstelle. Stuttgart.

Barth, Matthias (2021): Bildung für nachhaltige Entwicklung. In: Schmohl, Tobias/Philipp, Thorsten (Hg.) Handbuch Transdisziplinäre Didaktik. Bielefeld: Transkript, S. 35–44.

Bastaits, Kim/Pasteels, Inge/Massart, Michiel/Put, Bart (2022): The impact of the COVID-19 pandemic on the client base for social services. In: Journal of Comparative Social Work 1/2022, S. 8–36.

Baum, Simone/Wagner, Bianca (2014): Kooperation mit Eltern am Übergang

Schule-Beruf. Erfahrungen der Schulsozialarbeit und Ergebnisse des Modellprojektes „Gemeinsam in die Zukunft“. In: Pötter, Nicole (Hg.): Schulsozialarbeit am Übergang Schule-Beruf, S. 187–207.

Bechtler, Hildegard (1997): Krisenintervention. In: Deutscher Verein für öffentliche und private Fürsorge (Hg.): Fachlexikon der sozialen Arbeit. a. M.: Eigenverlag, S. 595.

Behn, Sabine/Kügler, Nicolle/Lembeck, Hans-Josef/Pleiger, Doris/Schaffranke, Dorte/Schroer, Miriam/Wink, Stefan (2006): Mediation an Schulen. Eine bundesdeutsche Evaluation. Wiesbaden: VS.

Berndt, Constanze/Reimann-Bernhardt, Brit/Gruhlke, Heike/Jevlasch, Kathleen/Müller, Wolfgang (2020): Schulsozialarbeit in Sachsen in Zeiten der Corona-Pandemie. Ergebnisse der zweiten Befragung während des eingeschränkten Regelbetriebes.

Berndt, Constanze/Reimann-Bernhard, Brit/Gruhlke, Heike/Jevlasch, Kathleen/Müller, Wolfgang (2021): Schulsozialarbeit in Sachsen in Zeiten der Corona-Pandemie. Ergebnisse der dritten Befragung vor dem Übergang in den Regelbetrieb.

Berndt, Constanze/Reimann-Bernhard, Brit/Gruhlke, Heike/Jevlasch, Kathleen/Müller, Wolfgang (2023): Schulsozialarbeit in Sachsen in Zeiten der Veränderung. Ergebnisse der vierten, abschließenden Befragung des Zyklus „Schulsozialarbeit in Sachsen in Zeiten der Corona-Pandemie"; https://ehs-dresden.de/fileadmin/FORSCHUNG/ehs-forschung/Abschlussbericht_SchuSoinV-komprimiert.pdf (Abruf 7.9.2023).

Besemer, Christoph (1994): Mediation. Vermittlung in Konflikten. 10. Aufl. Karlsruhe/Königsfeld: PAZIFIX-Materialvertrieb/Stiftung Gewaltfreies Leben.

Böhm, Maria (2009): Traumberuf Schulsozialarbeit. Maria Böhm (Regie). DVD: Gewerkschaft Erziehung und Wissenschaft; https://youtu.be/oG59Q1I-WoKs (Abruf 7.9.2023).

Böhnisch, Lothar (2019): Soziale Theorie der Schule. Bad Heilbrunn: Julius Klinkhardt/Utb.

Bolay, Eberhard/Flad, Carola/Gutbrod, Heiner (2003): Sozialraumverankerte Schulsozialarbeit. Eine empirische Studie zur Kooperation von Jugendhilfe und Schule. Nr. 7 aus der Reihe Jugendhilfe: Konzepte für die Praxis. Hg. v. Landeswohlfahrtsverband Württemberg-Hohenzollern. Stuttgart (Reihe Jugendhilfe: Konzepte für die Praxis, 7); https://publikationen.uni-tuebingen.de/xmlui/bitstream/handle/10900/47336/pdf/Sozialraumverankerte-SchulsozialarbeitNr7.pdf?sequence=1&isAllowed=y (Abruf 7.9.2023).

Bolay, Eberhard/Flad, Carola/Gutbrod, Heiner (2004): Jugendsozialarbeit an Hauptschulen und im BVJ in Baden-Württemberg. Abschlussbericht der Begleitforschung zur Landesförderung. Stuttgart: Sozialministerium Baden-Württemberg.

Bollweg, Petra/Buchna, Jennifer/Coelen, Thomas/Otto, Hans-Uwe (Hg.) (2020): Handbuch Ganztagsbildung. 2. Aufl. Wiesbaden: Springer VS.

Bundesarbeitsgemeinschaft Kinder- und Jugendschutz (Hg.) (2016): Jugendschutz geht zur Schule! Kinder- und Jugendschutz als Aufgabe der Schulsozialarbeit. Berlin: Eigenverlag.

Bundesarbeitsgemeinschaft Jugendsozialarbeit (BAG JSA) (2005): Jugendsozialarbeit – Bildung – Schule. Zum Selbstverständnis der Jugendsozialarbeit im Kontext der Entwicklung von Ganztagsschule; www.gew.de/index.php?eID=dumpFile&t=f&f=25138&token=b9f98ba9a4567fffe7535a37217085edce8cdf16&sdownload=&n=Positionspapier_JSA_-_Bildung-Schule.pdf (Abruf 7.9.2023).

Bundesministerium für Familie, Senioren, Frauen und Jugend BMFSFJ (Hg.) (2005): Zwölfter Kinder- und Jugendbericht. Bericht über die Lebenssituation junger Menschen und die Leistungen der Kinder- und Jugendhilfe in Deutschland und Stellungnahme der Bundesregierung. BT-Drucksache 15/6014. Berlin; www.bmfsfj.de/resource/blob/112224/7376e6055bbcaf822ec30fc6ff72b287/12-kinder-und-jugendbericht-data.pdf (Abruf 7.9.2023).

Bundesministerium für Jugend, Familie, Frauen und Gesundheit (Hg.) (1990): Achter Jugendbericht. Bericht über Bestrebungen und Leistungen. BT-Drucksache 11/6576. Bonn; www.dji.de/veroeffentlichungen/literatursuche/detailansicht/literatur/12730-8-jugendbericht.html (Abruf 7.9.2023).

Bundesverband für Mediation e.V. (Hg.) (2002): Mediation in der Schule. Streitschlichtung zwischen Schülern und Schülern und Lehrern; www.bmev.de/fileadmin/_migrated/content_uploads/mediation-schule.pdf (Abruf 7.9.2023).

Buschle, Christina/Meyer, Nikolaus (2020): Soziale Arbeit im Ausnahmezustand?! Professionstheoretische Forschungsnotizen zur Corona-Pandemie. In: Soziale Passage 12/2020, S. 155–170.

Deutscher Städtetag (2007): Aachener Erklärung des Deutschen Städtetages anlässlich des Kongresses „Bildung in der Stadt" am 22./23. November 2007; www.staedtetag.de/files/dst/docs/Dezernat-3/Archiv/aachener-erklaerung-2007.pdf (Abruf 7.9.2023).

Deutsche UNESCO—Kommission (Hg.) (1997): Lernfähigkeit: Unser verborgener Reichtum. UNESCO-Bericht zur Bildung für das 21. Jahrhundert. Neuwied, Kriftel, Berlin: Luchterhand.

Deutscher Verein für öffentliche und private Fürsorge (2007): Diskussionspapier des Deutschen Vereins zum Aufbau Kommunaler Bildungslandschaften. DV 43/06 AF II. Berlin; https://aba-fachverband.info/wp-content/uploads/user_upload_2009/bildung_allgemein/DV_bildungslandschaften.pdf (Abruf 20.7.2016).

Drilling, Matthias (2001): Schulsozialarbeit. Antworten auf veränderte Lebenswelten. Bern: Haupt.

Drilling, Matthias (2009): Schulsozialarbeit. Antworten auf veränderte Lebenswelten. 4. Aufl. Bern: Haupt.

Eckert, Dieter (2020): Was machen Schulsozialarbeiterinnen und Schulsozialarbeiter in Zeiten der Corona-Krise?; https://awo.org/was-macht-schulsozialarbeit-zeiten-der-corona-krise (Abruf 7.9.2023).

Eckert, Dieter/Bassarak, Herbert (2021) Der neue § 13a SGB VIII Schulsozialarbeit – Fortschritt für die Kinder- und Jugendhilfe?; https://awo.org/der-neue-ss-13a-sgb-viii-schulsozialarbeit-fortschritt-fuer-die-kinder-und-jugendhilfe (Abruf 7.9.2023).

Fettweis, Nora/Zorn, Isabel (2022): Wie inklusiv ist „digitale Schule" in COVID-Zeiten aus Sicht von Schulsozialarbeiter:innen? Eine explorative Studie zu Inklusionschancen und Exklusionsrisiken digitaler Schulbildung aus Sicht der Sozialen Arbeit. Zusammenfassung der Studie; https://dites.web.th-koeln.de/new/wp-content/uploads/2022/03/Schulsozialarbeit-und-inklusive-digitale-Schule_20220323.pdf (Abruf 8.9.2023).

Fischer, Jörg und Graßhoff, Günther (Hg.) (2021): Fachkräfte! Mangel! Die Situation des Personals in der Sozialen Arbeit. In: Sozialmagazin 4. Sonderband. Beltz Juventa.

FIT FOR JOB PLUS (o.J.) Ein Blick zurück; www.fitforjob-plus.de/de/fitforjob-plus/berufsleben (Abruf 7.9.2023).

Foitzik, Andreas (2017): Vom Umgang mit Diskriminierung. Impulse und Anregungen zum rassistischen Arbeiten. In: Seibold, Claudia/Würfel, Gisela (Hg.): Soziale Arbeit mit jungen Geflüchteten in der Schule, S. 99–110.

Galuske, Michael (2011): Methoden der sozialen Arbeit. Eine Einführung. 9. Aufl. Weinheim; München: Juventa.

Galuske, Michael/Müller, C. Wolfgang (2012): Handlungsformen in der Sozialen Arbeit. Ein einführendes Handbuch. Wiesbaden: VS, S. 587–610.

Gewerkschaft Erziehung und Wissenschaft – Hauptvorstand (Hg.) (2016): Statistik der Schulsozialarbeit. Pädagogisches und Verwaltungspersonal 2010 und 2014. Handreichung erstellt von Bernhard Eibeck. Frankfurt a. M.

Grunwald, Klaus/Thiersch, Hans (2016): Praxishandbuch Lebensweltorientierte Soziale Arbeit. 3. Aufl., Weinheim: Beltz Juventa.

Heinrich, Lea/Volf, Irina (2022): (Über)Leben mit 28. AWO-ISS-Langzeitstudie zur Kinderarmut: Übergang ins junge Erwachsenenalter und Bewältigung der Corona-Krise. Frankfurt a. M.: Institut für Sozialarbeit und Sozialpädagogik e.V.; www.iss-ffm.de/fileadmin/assets/veroeffentlichungen/downloads/AWO-ISS-Langzeitstudie-VI.pdf (Abruf 7.9.2023).

Hettler, Ingo S. (2020): Schulsozialarbeit in der „neuen Normalität" Über neue und alte Herausforderungen in der Schulsozialarbeit, Entwicklungsmöglichkeiten und Chancen. In: Sozial Extra 1/2021, S. 65–69.

Heyse, Volker/Erpenbeck, John (2009): Kompetenztraining. 64 modulare Informations-und Trainingsprogramme für die betriebliche, pädagogische und psychologische Praxis. 2. Aufl. Stuttgart: Schäffer-Poeschel.

Hickmann, Helene und Koneberg, Filiz (2022): Die Berufe mit den aktuell größten Fachkräftelücken. IW-Kurzbericht 67/2022; www.iwkoeln.de/studien/helen-hickmann-filiz-koneberg-die-berufe-mit-den-aktuell-groessten-fachkraefteluecken.html (Abruf 7.9.2023).

Hurrelmann, Klaus/Bründel, Heidrun (2007): Gewalt an Schulen. Pädagogische Antworten auf eine soziale Krise. Weinheim/Basel: Beltz.

Interministerielle Arbeitsgruppe (IMA) (Hg.) (2023): Gesundheitliche Auswirkungen auf Kinder und Jugendliche durch Corona. Abschlussbericht; www.bmfsfj.de/resource/blob/214866/fbb00bcf0395b4450d1037616450cfb5/ima-abschlussbericht-gesundheitliche-auswirkungen-auf-kinder-und-jugendliche-durch-corona-data.pdf (Abruf 7.9.2023).

Iser, Angelika/Kastirke, Nicole/Lipsmeier, Gero (Hg.) (2013): Schulsozialarbeit steuern. Vorschläge für eine Statistik zur Sozialen Arbeit an Schulen. Wiesbaden: Springer VS.

Jünger, Judith (2017): Leben auf der Schwelle. Ein ethnologischer Zugang. In: Seibold, Claudia/Würfel, Gisela (Hg.): Soziale Arbeit mit jungen Geflüchteten in der Schule, S. 51–61.

Kanzinger, Mario (2012): Schulsozialarbeit: „Momentaufnahmen". Ein Film von Mario Kanzinger. Mario Kanzinger (Regie).

Klemm, Klaus (2022): Zur aktuellen Situation der Ganztagsschulen in Deutschland. Oder: Von der Expansion zur Stagnation; https://schule21.blog/2022/03/23/zur-aktuellen-situation-der-ganztagsschulen-in-deutschland-oder-von-der-expansion-zur-stagnation/(Abruf 11.9.2023).

Kleve, Heiko (2010): Konstruktivismus und Soziale Arbeit. Einführung in die Grundlagen der systemisch-konstruktivistischen Theorie und Praxis. Wiesbaden: VS.

Kommunalverband für Jugend und Soziales Baden-Württemberg (KVJS) (Hg.) (2010): Schulsozialarbeit in Baden-Württemberg. 2. Aufl. Kommunalverband für Jugend und Soziales Baden-Württemberg. Stuttgart.

Kommunalverband für Jugend und Soziales Baden-Württemberg (KVJS) (Hg.) (2018): Schulsozialarbeit in Baden-Württemberg; www.kvjs.de/fileadmin/publikationen/spezial/KVJS-Spezial-Schulsozialarbeit-R-05-Barrierefrei-X.pdf (Abruf 7.9.2023).

Kooperationsverbund Schulsozialarbeit (Hg.) (2011): Berufsbild und Anforderungsprofil der Schulsozialarbeit. Frankfurt a. M.: Eigenverlag GEW.

Kooperationsverbund Schulsozialarbeit (Hg.) (2015): Schulsozialarbeit – Anforderungsprofil für einen Beruf der Sozialen Arbeit. In Zusammenarbeit mit Landesarbeitsgemeinschaften Schulsozialarbeit. Frankfurt a. M.: Eigenverlag GEW; www.kv-schulsozialarbeit.de/Anforderungsprofil_Schulsozialarbeit_2015.pdf (Abruf 7.9.2023).

Kooperationsverbund Schulsozialarbeit (Hg.) (2019): Das Selbstverständnis der Schulsozialarbeit angesichts gesellschaftlicher Herausforderungen. Frankfurt a. M.: Eigenverlag GEW; www.kv-schulsozialarbeit.de/Selbstverst_d_SSA__KoV__2019.pdf (Abruf 7.9.2023).

Kooperationsverbund Schulsozialarbeit (Hg.) (2022) Aufgaben der Schulsozialarbeit im digitalen Kontext; www.kv-schulsozialarbeit.de/_2022__SSA_im_digit._Kontext.pdf (Abruf 7.9.2023).

Koloma Beck, Teresa/Schlichte, Klaus (2014): Theorien der Gewalt zur Einführung. Hamburg: Junius.

Kraus, Björn (2002): Konstruktivismus, Kommunikation, soziale Arbeit – radikalkonstruktivistische Betrachtungen zu den Bedingungen des sozialpädagogischen Interaktionsverhältnisses. Heidelberg: Carl-Auer-Systeme.

Kunkel, Peter-Christian (2016): Gesetzliche Verankerung von Schulsozialarbeit. Frankfurt a. M.: Eigenverlag GEW; www.kv-schulsozialarbeit.de/Gesetzliche_Verankerung_von_SchuSoz.pdf (Abruf 7.9.2023).

LAG Schulsozialarbeit Sachsen (Hg.) (2010): Zur aktuellen Situation der Schulsozialarbeit in Sachsen. Stellungnahme der LAG Schulsozialarbeit Sachsen e.V.; http://schulsozialarbeit-sachsen.de/upload/Stellungnahme_2010_LAG_Schulsozialarbeit_Sachsen.PD (Abruf 20.7.2016).

Landesarbeitsgemeinschaft (LAG) Schulsozialarbeit Niedersachsen (Hg.) (2009): Positionspapier der LAG zur Schulsozialarbeit in Niedersachsen; http://lag-schulsozialarbeit-nds.de/download/Positionierung%20LAG.pdf (Abruf 20.07.2016).

Landkreis Böblingen (Hg.) (2012): Regionalgruppe Schulsozialarbeit im Landkreis Böblingen. Unter Mitarbeit von Jörg Hanselmann; http://lrabb.de/,Lde/start/Landratsamt/Schulsozialarbeit.html (Abruf 7.9.2023).

Lederer-Charrier, Jutta; Niemann, Rüdiger (2000): Cool sein – cool bleiben. Ein Reader zum Training Handlungskompetenz in Gewaltsituationen. Hg. v. Frankfurter Kinderbüro; www.frankfurter-kinderbuero.de/index.php/projekte/gewaltpraevention/cool-sein (Abruf 7.9.2023).

Leiprecht, Rudolf (2011): Auf dem langen Weg zu einer diversitätsbewussten Sozialpädagogik. In: Leiprecht, Rudolf (Hg.): Diversitätsbewusste Soziale Arbeit. Schwalbach a. T.: Wochenschau, S. 15–44.

Leyen, Ursula von der (2011): Bildungspaket für bedürftige Kinder. Berlin, 02.03.2011. Brief an Oberbürgermeisterinnen und Oberbürgermeister Landrätinnen und Landräte.

LISUM (Hg.) (2006): Evaluierte und bewährte Ansätze zur schulischen (Gewalt) prävention in der Zusammenfassung.

Loerzer, Sven (2023): Personalmangel in der Sozialen Arbeit. „Der Kollaps steht kurz bevor"; www.sueddeutsche.de/muenchen/sozialarbeit-corona-krieg-1.5659749 (Abruf 23.06.2023).

Lohn, Christine (2017): Was heißt hier eigentlich Demokratie? In: Seibold, Claudia/Würfel, Gisela (Hg.): Soziale Arbeit mit jungen Geflüchteten in der Schule, S. 91–98.

Mairhofer, Andreas (2019): Jugendsozialarbeit – Eine Bestandsaufnahme. In: Sozialmagazin Heft 7-8/2019, S. 28–35.

Medienpädagogischer Forschungsverbund Südwest (Hg.) (2022): JIM-Studie 2022. Jugend, Information, Medien; www.mpfs.de/fileadmin/files/Studien/JIM/2022/JIM_2022_Web_final.pdf (Abruf 8.9.2023).

Meinunger, Larissa (2016): Weiter mit dem ‚Anything goes' in der Schulsozialarbeit? In: NDV – Nachrichtendienst des Deutschen Vereins. Heft 2/2016, Berlin, S. 67–72.

Meinunger, Larissa (2022): Nur ein kleiner Paragraf für die Schulsozialarbeit. In: NDV – Nachrichtendienst des Deutschen Vereins. Heft 2/2022, Berlin, S. 86–90.

Meyer, Nikolaus/Alsago, Elke (2021): Soziale Arbeit am Limit? Professionsbezogene Folgen veränderter Arbeitsbedingungen in der Corona-Pandemie. In: Sozial Extra 3/2021, S. 210–218.

Ministerium für Soziales, Gesundheit und Integration Baden-Württemberg (Hg.) (2021): Informationen zum Wohnungsverweisverfahren in Fällen häuslicher Gewalt; https://sozialministerium.baden-wuerttemberg.de/de/service/publikation/did/informationen-zum-wohnungsverweis-in-faellen-haeuslicher-gewalt (Abruf 7.9.2023).

Ministerium für Kultus, Jugend und Sport Baden-Württemberg (2012): Bildungsplan 2012 – Werkrealschule. Ministerium für Kultus, Jugend und Sport Baden-Württemberg. Stuttgart; www.bildungsplaene-bw.de/,Lde/4559670 (Abruf 7.9.2023).

Ministerium für Schule und Weiterbildung des Landes Nordrhein-Westfalen (2008): Beschäftigung von Fachkräften für Schulsozialarbeit in Nordrhein-Westfalen – RdErl. d. Ministeriums für Schule und Weiterbildung v. 23.01.2008; https://bass.schul-welt.de/8598.htm (Abruf 7.9.2023).

Müller, Heinz/Dittmann, Eva/Büchel, Julia/Wolf, Miriam (2021): Wie Jugendämter die Auswirkungen der Corona-Pandemie einschätzen und welchen Handlungsbedarf sie sehen. Befragung der Jugendämter in Zeiten von Corona und für die Zeit danach! In Zusammenarbeit mit der Bundesarbeitsgemeinschaft Landesjugendämter; www.forum-transfer.de/fileadmin/uploads/Aktuelles/Jugendamtsbefragung-19-04-2021.pdf (Abruf 7.9.2023).

Müller, Ulrich/Schweizer, Gerd/Wippermann, Sven (Hg.) (2008): Visionen entwickeln – Bildungsprozesse wirksam steuern – Führung professionell gestalten. Dokumentation zum Masterstudiengang Bildungsmanagement der Landesstiftung Baden-Württemberg. 1. Aufl. Bielefeld: Bertelsmann.

Müller, Ulrich (2009): Bildungsmanagement – ein orientierender Einstieg. In: Michael Gessler (Hg.): Handlungsfelder des Bildungsmanagements. Ein Handbuch. Münster/München/Berlin: Waxmann, S. 67–90.

Münder, Johannes/Baltz, Jochem/Jordan, Erwin/Kreft, Dieter/Lakies, Thomas/Proksch, Roland et al. (2003): Frankfurter Kommentar zum SGB VIII: Kinder- und Jugendhilfe. 4., vollständig überarbeitete Aufl., Stand: 1.1.2003. Weinheim/Berlin/Basel: Beltz, Votum.

Netzwerk Schulsozialarbeit Baden-Württemberg (2007): Satzung. Eingetragen in das Vereinsregister beim Amtsgericht Stuttgart VR 720393. Stand: 12.10.2007. Ehningen; www.netzwerk-schulsozialarbeit.de/cms/component/docman/doc_download/7-satzung-stand-12102007 (Abruf 20.7.2016).

Netzwerk Schulsozialarbeit Baden-Württemberg (Hg.) (2012): Stellungnahme zum Eckpunkteentwurf. Eckpunkte zur Förderung der Jugendsozialarbeit an Schulen.

Nikles, Bruno W. (2015): Erzieherischer Kinder- und Jugendschutz. In: Textor, Martin R./Becker-Textor, Ingeborg/Büttner, Peter/Rücker, Stefan (Hg.) SGB VIII Online-Handbuch.

Orde vom, Heike/Durner, Alexandra (2017): Grunddaten Jugend und Medien 2017; www.br-online.de/jugend/izi/deutsch/Grundddaten_Jugend_Medien.pdf (Abruf 7.9.2023).

Opalka, Christoph (2021): Schulsozialarbeit im Kontext der Corona-Pandemie. Betrachtung der Auswirkungen der coronabedingten Kontaktbeschränkungen auf die Schulsozialarbeit und deren AdressatInnen; https://opus4.kobv.de/opus4-btu/frontdoor/deliver/index/docId/5668/file/Opalka_Publikation_MA_v3.pdf (Abruf 7.9.2023).

Pötter, Nicole (2014a): Der Zankapfel „Schulsozialarbeit". In: Theorie und Praxis der Sozialen Arbeit Heft 5/2014, S. 334–343.

Pötter, Nicole (Hg.) (2014b): Schulsozialarbeit am Übergang Schule-Beruf. Wiesbaden: Springer VS.

Pötter, Nicole (2014c): Aufgaben der Schulsozialarbeit am Übergang von der Schule in den Beruf. In: Pötter, Nicole (Hg.): Schulsozialarbeit am Übergang Schule-Beruf. Wiesbaden: Springer VS, S. 21–42.

Pötter, Nicole (2017): Schulsozialarbeit mit Kindern und Jugendlichen mit Flucht und Vertreibungserfahrungen. In: Hollenstein, Erich/Nieslony, Frank/Speck, Karsten/Olk, Thomas (Hg.): Handbuch der Schulsozialarbeit, Bd. 1, S. 204–211.

Pötter, Nicole (2023): Das Märchen von den ungleichen Schwestern: Aschenputtel und Rapunzel im Dornröschenschlaf. In: Böllert, Karin/Demski, Jana/Bokelmann, Oliver (Hg.) Ganztagsbildung: Kooperation von Jugendhilfe und Schule. Wiesbaden: Springer, erscheint im November 2023.

Rademacker, Hermann (2009): Schulsozialarbeit – Begriff und Entwicklung. In: Nicole Pötter und Gerhard Segel (Hg.): Profession Schulsozialarbeit. Beiträge zu Qualifikation und Praxis der sozialpädagogischen Arbeit an Schulen. Wiesbaden: VS, S. 13–31.

Richter-Kornweitz, Antje/Holz, Gerda (2022): Krisenbewältigung geht vor, oder? Kinderrechte in der Pandemie. In: Sozial Extra 2/2022, S. 93–98.

Schad-Heim, Julia (2021): Rückenwind für die Schulsozialarbeit?! Nicht nur in Krisenzeiten unverzichtbar; https://jugendsozialarbeit.news/ruecken-wind-fuer-die-schulsozialarbeit-nicht-nur-in-krisenzeiten-unverzichtbar/ (Abruf 7.9.2023).

Schell-Kiehl, Ines/Laurens, Melissa/Ketelaar, Nicole/Sommerfeld, Peter/Hess, Nadja/Bühler, Sarah/Meyer, Nikolaus/Franz, Sebastian (2022): Impact of the COVID-19 pandemic on the work of social workers – a comparison between Germany, Switzerland and the Netherlands. In: Journal of Comparative Social Work 1/2022, S. 123–152.

Schirilla, Nausikaa (2017): Werte und Normen thematisieren. Plädoyer für ein selbstreflexives Arbeiten. In: Seibold, Claudia/Würfel, Gisela (Hg.): Soziale Arbeit mit jungen Geflüchteten in der Schule, S. 82–90.

Schneiders, Katrin/Schönauer, Anna-Lena (2022): Fachkräftemangel in der Sozialwirtschaft: Empirische Befunde zu Ursachen und Handlungsbedarfen. In: Gehrlach, Christoph/Pfiffner, Roger/von Bergen, Matthias/Eiler, Katharina (Hg.) Zwischen gesellschaftlichem Auftrag und Wettbewerb, Perspektiven Sozialwirtschaft und Sozialmanagement. Wiesbaden: Springer, S. 355–370.

Schönecker, Lydia/Meysen, Thomas (2016): Schutzauftrag nach § 4 KKG in Schule. In: Blickpunkt Kinder- und Jugendschutz – Jugendschutz geht zur Schule! S. 102–112.

https://schule-im-aufbruch.de/ueber-uns/vision/ (Abruf 18.10.2023).

Schulsozialarbeit Ehningen (Hg.) (2012a): Konzept Schulsozialarbeit Ehningen 2012. Unter Mitarbeit von Jörg Hanselmann und Benjamin Lachat; www.schulsozialarbeit-ehningen.de/fileadmin/Dateien/Dateien/Schulsozialarbeit/Konzept_Schulsozialarbeit_Ehningen_2012. pdf (Abruf 7.9.2023).

Schulsozialarbeit Ehningen (Hg.) (2012b): Das Gewaltpräventionsprojekt „Cool sein – Cool bleiben!"; www.schulsozialarbeit-ehningen.de/index.php?id=205 (Abruf 7.9.2023).

Speck, Karsten (2006): Qualität und Evaluation in der Schulsozialarbeit. Konzepte, Rahmenbedingungen und Wirkungen. 1. Aufl. Wiesbaden: VS.

Speck, Karsten (2009): Schulsozialarbeit. Eine Einführung. 2. Aufl. München/Basel: E. Reinhardt.

Speck, Karsten/Olk, Thomas (Hg.) (2010): Forschung zur Schulsozialarbeit. Stand und Perspektiven. Weinheim, München: Juventa.

Speck, Karsten/Olk, Thomas (2010): Stand und Perspektiven der Wirkungs- und Nutzerforschung zur Schulsozialarbeit im deutschsprachigen Raum. In: Speck, Karsten/Olk, Thomas (Hg.) (2010): Forschung zur Schulsozialarbeit. Stand und Perspektiven. Weinheim/München: Juventa, S. 309–324.

Spies, Anke (2013a): Schulsozialarbeit in der Bildungslandschaft – Einleitung. In: Spies, Anke (Hg.): Schulsozialarbeit in der Bildungslandschaft. Möglichkeiten und Grenzen des Reformpotenzials. Wiesbaden: Springer VS, S. 7–19.

Spies, Anke (Hg.) (2013b): Schulsozialarbeit in der Bildungslandschaft. Möglichkeiten und Grenzen des Reformpotenzials. Wiesbaden: Springer VS.

Spies, Anke/Pötter, Nicole (2011): Soziale Arbeit an Schulen. Einführung in das Handlungsfeld Schulsozialarbeit. Wiesbaden: VS.

Spies, Anke/Stecklina, Gerd (2015): Pädagogik. Studienbuch für pädagogische und soziale Berufe. Weinheim: Ernst Reinhardt, utb.

Ständige wissenschaftliche Kommission der KMK (StäwiKo) (2021): Pandemiebedingte Lernrückstände aufholen – Unterstützungsmaßnahmen fokussieren, verknüpfen und evaluieren; www.kmk.org/fileadmin/Dateien/pdf/KMK/SWK/2021/2021_06_11-Pandemiebedingte-Lernruckstaende-aufholen.pdf (Abruf 7.9.2023).

Statistisches Bundesamt (Destatis) (Hg.) (2018): Statistiken der Kinder- und Jugendhilfe 2016; www.statistischebibliothek.de/mir/receive/DEHeft_mods_00097174 (Abruf 7.9.2023).

Statistisches Bundesamt (Destatis) (Hg.) (2020): Statistiken der Kinder- und Jugendhilfe 2018; www.statistischebibliothek.de/mir/receive/DEHeft_mods_00137807 (Abruf 7.9.2023).

Statistisches Bundesamt (Destatis) (Hg.) (2022): Bildung und Kultur. Allgemeinbildende Schulen, Schuljahr 2020/2021; www.destatis.de/DE/Themen/Gesellschaft-Umwelt/Bildung-Forschung-Kultur/Schulen/Publikationen/Downloads-Schulen/allgemeinbildende-schulen-2110100217005.html (Abruf 7.9.2023).

Statistisches Bundesamt (Destatis) (Hg.) (2022): Statistiken der Kinder- und Jugendhilfe 2020; www.destatis.de/DE/Themen/Gesellschaft-Umwelt/Soziales/Kinderhilfe-Jugendhilfe/Publikationen/Downloads-Kinder-und-Jugendhilfe/sonstige-einrichtungen-5225403209004.pdf?__blob=publicationFile (Abruf 7.9.2023).

Staub-Bernasconi, Silvia (2007): Soziale Arbeit als Handlungswissenschaft – systemische Grundlagen und professionelle Praxis – ein Lehrbuch. Bern: Haupt.

Thiersch, Hans (2015): Soziale Arbeit und Lebensweltorientierung: Konzepte und Kontexte. Weinheim: Beltz Juventa.

Thiersch, Hans/Grunwald, Klaus/Köngeter, Stefan (2012): Lebensweltorientierte Soziale Arbeit. In: Thole, Werner (Hg.): Grundriss Soziale Arbeit. Ein einführendes Handbuch. 4. Aufl., Wiesbaden: VS, S. 175–196.

Trotha, Trutz von (1997): Soziologie der Gewalt. Opladen: Westdeutscher Verlag.

Umbach, Klaus (2016): Zielgruppe von Schul- und Jugendsozialarbeit im Fokus des Kinder- und Jugendschutzes. In: Blickpunkt Kinder- und Jugendschutz – Jugendschutz geht zur Schule! S. 75–88.

Weiß, Wolfgang W. (2011): Kommunale Bildungslandschaften. Chancen, Risiken und Perspektiven. Weinheim/München: Juventa.

Wilhelm-Kraft-Gesamtschule (Hg.) (2005): Klassenratsstunde; http://wkge-en.de/schulprogramm/pdf/klassenratsstunde.pdf (Abruf 7.9.2023).

Winter, Ann-Sophie (2009): Klassenrat – Zeit für uns!; https://sv-bildungswerk.de/wp-content/uploads/2019/12/16Klassenrat.pdf (Abruf 7.9.2023).

Zickgraf, Peer (2008): Wie viel Schulsozialarbeit braucht die Ganztagsschule? Hg. v. Bundesministerium für Bildung und Forschung; www.ganztagsschulen.org/de/kooperationen/kooperationen-und-partner/wie-viel-schulsozialarbeit-braucht-die-ganztagsschule.html (Abruf 7.9.2023).

Zinnowwald-Grundschule Berlin-Zehlendorf (Hg.) (2010): Konzept zum Klassenrat – Zinnowwald-Grundschule 2010; https://zinnowwaldschule.de/wp-content/uploads/2018/04/Fo%CC%88rderkonzept.pdf (Abruf 9.2023).

Die Autorin

Dr. Pötter, Nicole – Professorin für Grundlagen der Sozialen Arbeit mit dem Schwerpunkt Bildungsfragen an der Hochschule München beschäftigt sich seit 30 Jahren mit Themen der Jugendsozialarbeit und Jugendberufshilfe. Im Rahmen ihrer Tätigkeit für die Bundesarbeitsgemeinschaft Jugendsozialarbeit (BAG JSA) wurde sie Mitglied im Kooperationsverbund Schulsozialarbeit und ist danach dort als ehrenamtliches Mitglied weiterhin aktiv. Seit 2017 beschäftigt sie sich verstärkt mit der Integration von neu Zugewanderten in den Ausbildungs- und Arbeitsmarkt.